SYMBOLE DES OKKULTISMUS

Die englische Originalausgabe erschien 2021 unter dem Titel *Symbols of the Occult*

www.librero-ibp.com

Konzipiert, gestaltet und produziert von
The Bright Press, einem Imprint der Quarto Group

Verleger: James Evans
Redaktionsleitung: Isheeta Mustafi
Artdirektion: James Lawrence
Cheflektorat: Jacqui Sayers
Entwicklungslektorat: Abbie Sharman
Projektmanagement: Abbie Sharman und Stephen Haynes
Design: Studio Noel
Abbildungen: John Woodcock

Aus dem Englischen übersetzt von
Klaus Kramp, Köln
Satz der deutschsprachigen Ausgabe
Ute Conin, Köln

ISBN: 978-94-6359-780-7

Printed in China

SYMBOLE DES OKKULTISMUS

Mit mehr als 500 Zeichen, Symbolen und Piktogrammen

ERIC CHALINE

Librero

INHALT

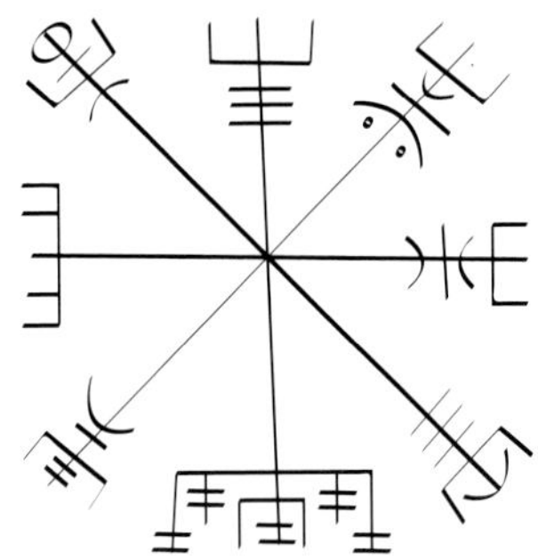

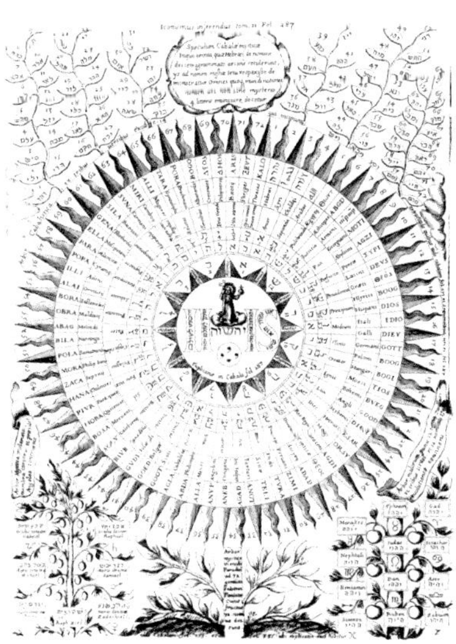

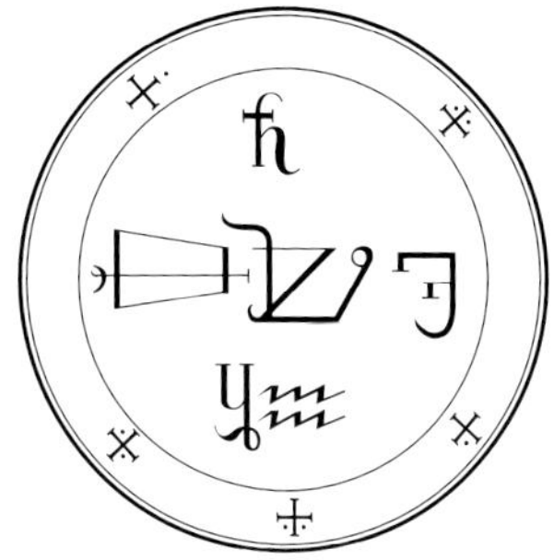

VORWORT

Symbole sind die frühesten Kommunikationsformen der Menschheit, und man kann sogar sagen, dass alle Formen der Kommunikation auf irgendeine Weise symbolisch sind. Versteht man Symbole allerdings ausschließlich als Kommunikations- und Kontrollmittel, würden wir lediglich ein kleines Bruchstück ihrer Ausdrucksvielfalt erkennen. Dieses Buch wird dazu beitragen, die häufig verborgenen Bedeutungen hinter einigen der faszinierendsten Symbole der Welt zu enthüllen.

Eine der ältesten Formen der Verschriftlichung sind Ideogramme, die einfach als wörtliche Darstellungen einer Idee begriffen werden, jedoch oftmals zu kompliziert für die tägliche Kommunikation sind, was die Schaffung von Alphabeten begünstigte. Beide übermitteln eine Vorstellung im Geist ihrer Nutzer und repräsentieren Arten von Symbolen, die allerdings weit über dieses Grundverständnis hinausreichen, und es sind die tieferen, oft verhüllten oder verborgenen Bedeutungen, die jahrhundertelange Untersuchungen über die Art und Verwendung von Symbolen auslösten.

Das menschliche Bedürfnis, die objektive physikalische Welt ebenso wie die subjektiven inneren Welten aus Träumen, Visionen und psychischen Zuständen zu ergründen, war stets gegenwärtig. So wie Erkenntnis irgendeine Form spezifischen Wissens erzeugt, führt Wissen zu ihrem Ausdruck. Diese Vorstellungen haben all die philosophischen (und damit einhergehend politischen und wirtschaftlichen) Systeme der Welt hervorgebracht. Sie haben darüber hinaus die Bildung von Denkschulen und die Praktik befördert, die im Verborgenen des täglichen Daseins und der Geschichte existierten. Während die Zivilisationen der Antike eine Vielzahl von „Geheimschulen" und Sekten gründeten und unterhielten, um verschiedene Ausprägungen von „Geheimwissen" zu erkunden und zu bewahren, ging viel dieses Wissens nach dem Zusammenbruch des Römischen Reichs verloren, das erst während der Renaissance wiederentdeckt wurde.

Einige der bemerkenswertesten Beispiele verborgener Bedeutung in Symbolen finden sich in den okkulten Wissenschaften der Astrologie, Alchemie, Ritualmagie und Kabbala, die häufig über die Jahrhunderte im Halbgeheimen nebeneinander bestanden, sei es aus Notwendigkeit oder Tradition. Um die Symbole zu verstehen, die mit ihnen assoziiert werden, ist es wichtig, das phasenweise äußerst feindselige politische, gesellschaftliche sowie kirchliche Umfeld zu betrachten, das sie in den Untergrund trieb und zur Folge hatte, dass ihr Wissen geheim blieb und sie selbst noch okkulter wurden. Diese „Wiederverhüllung" oder dieses Verbergen uralter Weisheit und ihre Mittel, direkt auf einer individuellen Ebene erlebt zu werden, vollzogen sich sichtbar, nämlich durch den Einsatz von Symbolen. Die Verwendung von Symbolen zu erforschen, heißt, zu den Tiefen unseres Wesens vorzudringen und die praktische sowie wohldurchdachte Beeinflussung der Kräfte des menschlichen Geistes zu realisieren – hauptsächlich die der Erinnerung, der Fantasie oder Imagination.

Mark Stavish, Gründer und Studienleiter am Institut für Hermetische Studien

EINLEITUNG

Konfrontiert mit einem gewaltigen, rätselhaften Universum spürten unsere Vorfahren okkulte Muster im Himmel und in der natürlichen Welt auf, die ihnen lange vor Religion und Wissenschaft Bedeutung, Zweck und Wirkung vermittelten. Die Symbole, die in den sieben Kapiteln dieses Buches vorgestellt werden, repräsentieren die Art und Weise, wie die Menschheit ihre Beziehung zum Okkulten im Laufe mehrerer tausend Jahre ausgedrückt und kontrolliert hat. Der Fortbestand okkulter Symbolik während aufeinanderfolgender Epochen des Glaubens und der Vernunft spricht für ihre andauernde Bedeutung und Stärke sowie unser tiefes Bedürfnis nach Gewissheit, die sie verschafft.

Wir interagieren mit der Welt durch Symbole: Wenn wir wissen möchten, wie spät es ist, schauen wir nicht in den Himmel, sondern auf Zahlen einer digitalen Anzeige; wenn wir mit anderen kommunizieren, bevorzugen wir häufig Textnachrichten oder zunehmend auch Emojis. Unsere Fertigkeit, mit Zeichen, Symbolen, Buchstaben und Zahlen umzugehen, macht uns einigen Kognitionswissenschaftlern zufolge wahrhaft menschlich und nicht so sehr unsere Fähigkeit, Sprache oder Werkzeuge zu benutzen, die bekanntermaßen auch Tiere besitzen. Wir alle verfügen über die einzigartige Fähigkeit, durch die Schaffung und Handhabung von abstrakten Symbolen die intuitiven und kontraintuitiven Assoziationen zu erzeugen, die es uns ermöglichen, die Welt zu verstehen und letztlich zu beherrschen und zu verwandeln.

Man stelle sich die Schmiede in ferner Vergangenheit vor, die aus Erz Metalle gewannen und daraus heilige und weltliche Gegenstände fertigten. Wie es häufig der Fall ist, erinnerten sie sich an den einen von einhundert Versuchen, als das Verfahren perfekt funktionierte, allerdings blieb ihnen die Ursache verborgen und so führten sie ihren Erfolg auf irgendein Ritual zurück, das sie während ihres Tuns ausgeführt hatten – aus solchen Dingen ist Magie gemacht. Wendet man dieses Prinzip auf alle menschlichen Tätigkeiten und Techniken an, von der Landwirtschaft und Jagd über die Töpferkunst und das Hüttenwesen bis hin zur Medizin, kann man begreifen, wie das Okkulte in jeden Aspekt des täglichen Lebens einbezogen wurde.

Im Zuge der Erfindung der Schrift wurde die Aufzeichnung von Beschwörungsformeln, Zaubersprüchen und Ritualen möglich, die an andere weitergegeben oder in Talismanen zum Schutz oder zur Verfluchung von Lebenden und Toten angewandt werden konnten. Die meiste Zeit in der Geschichte hindurch galt okkultes Wissen als zu wertvoll und gefährlich, um jeden daran teilhaben zu lassen, sodass es in Geheimalphabeten aus Zeichen und Symbolen verschlüsselt wurde, die nur Eingeweihte entschlüsseln konnten. Diese geheimnisvollen Symbole haben bis heute überdauert, um uns zu faszinieren, zu bezaubern, zu beruhigen und zu unterhalten.

1

ASTROLOGIE

Astrologie bildet zu Recht das Auftaktkapitel dieses Buches, da sie die herausragende okkulte Wissenschaft ist, die unseren Vorfahren ein Gefühl vermittelte, wer sie waren und was die Zukunft bereithalten könnte, indem sie ihnen ein gewisses Maß an Sicherheit in einer gefährlichen, unvorhersehbaren Welt gab.

Das Okkulte könnte gut damit begonnen haben, dass unsere Vorfahren hoch auf die Sterne schauten und sich fragten: „Was sind wir und wie passen wir in diese gewaltige kosmische Maschinerie?" Die Geburts- und divinatorische Astrologie ist die einzige überdauernde okkulte Wissenschaft, die uns auch heute noch leitet, beruhigt und unterhält. Allerdings haben nicht alle Kulturen Antworten in den Sternen gesucht, denn einige betrachteten die zeitlichen Wiederholungszyklen als die wahren Orientierungshilfen hinsichtlich der Eigenschaften und des Schicksals eines Menschen.

Aus der Perspektive unserer Vorfahren drehten sich die Himmelskörper um sie auf der Erde. Die Sonne und der Mond, die scheinbar größten, galten vielen alten Völkern als ihre wichtigsten Götter, was aber nicht immer der Fall war. Im griechisch-römischen Pantheon waren der Sonnengott Apollo (Helios) und seine Schwester, die Mondgöttin Artemis (Diana), selber Hauptgottheiten, jedoch auch Kinder des Göttervaters Zeus (Jupiter). Wie ihr Vater selbst sind ihre Geschwister Hermes (Merkur), Aphrodite (Venus) und Ares (Mars) sowie ihr Großvater Chronos (Saturn) winzige Nadelstiche aus Licht im gewaltigen Gemälde des Nachthimmels. Wie erklärt sich die offensichtliche Diskrepanz zwischen Größe und astrologischer Relevanz?

Trotz ihrer Bedeutung für unseren Alltag verschwindet die Sonne jede Nacht und wird schwächer und stärker mit den Jahreszeiten, während der Mond infolge seiner Phasen zu- und abnimmt, darüber hinaus ist er dazu verdammt, jeden Monat nahezu zu vergehen. Beide unterliegen zudem regelmäßigen Finsternissen, was zu Ängsten führte, dass sie „verschlungen" oder „getötet" worden wären und niemals zurückkehren würden. Die Planeten hingegen, die sich vor dem Hintergrund der Tierkreiszeichen bewegen, erscheinen jede Nacht unabhängig von Zeit oder Jahreszeit ungeschmälert wieder. Als unveränderliche Bestandteile eines Kosmos in ständigem Fluss schienen sie verlässlich und vertrauenswürdig, was vielleicht erklären kann, weshalb ihnen, nicht aber Sonne und Mond, größerer astrologischer Einfluss beigemessen wurde. Im Alten China und bei den Maya gab es hochqualifizierte Astronomen, die einen anderen Ansatz zur Geburtshoroskopie wählten. Sie blickten nicht auf eine astrologische Tabelle mit den Positionen von Sonne oder Mond, Planeten oder Sternen, um die Zukunft vorherzusagen. Sie benutzten stattdessen ihre Beobachtungen des Himmels, um äußerst präzise Kalender herzustellen, die ihnen ermöglichten, Zyklen verschiedener Länge zu messen und der Stunde, dem Tag, der Woche, dem Monat und Jahr der Geburt eines Menschen divinatorische Bedeutung zuzuweisen.

Eine Karte des geozentrischen (erdzentrierten) Kosmos aus dem Sternatlas Harmonia Macrocosmica *von Andreas Cellarius (1660).*

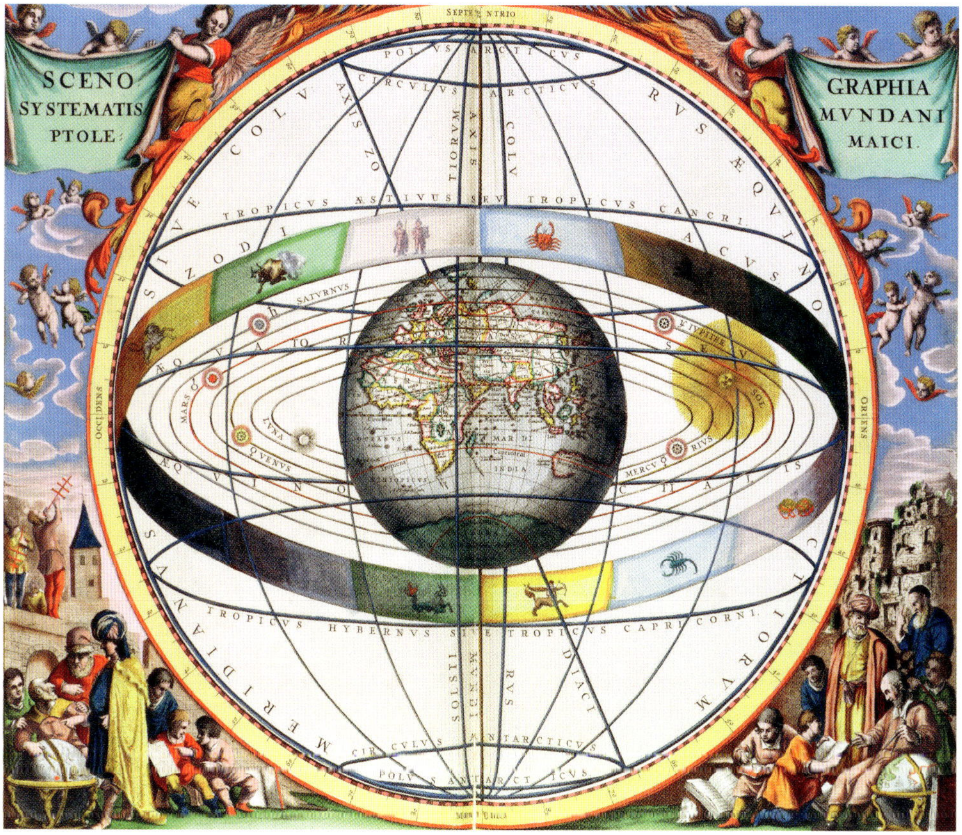
SCENO
SYSTEMATIS
PTOLE:
GRAPHIA
MVNDANI
MAICI.

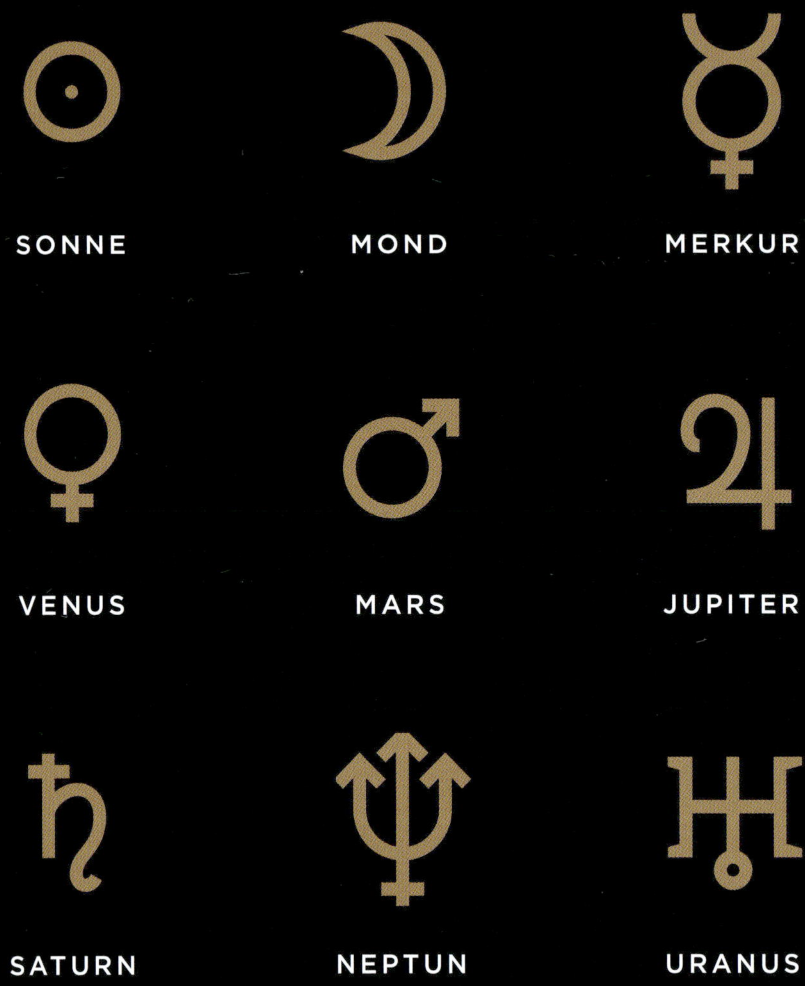
SONNE
MOND
MERKUR
VENUS
MARS
JUPITER
SATURN
NEPTUN
URANUS

DIE PLANETEN

Die Astrologie beruhte auf einem geozentrischen (erdzentrierten) Modell des Kosmos, in dem, wie man glaubte, die klassischen sieben Planeten - Sonne, Mond, Merkur, Venus, Mars, Jupiter und Saturn - die Erde umkreisen. Allerdings musste die Astrologie sich dem heliozentrischen (sonnenzentrierten) System von Nikolaus Kopernikus im sechzehnten Jahrhundert anpassen und Funktionen für zwei neue Planeten, Uranus und Neptun, sowie fünfundsiebzig Jahre lang auch für Pluto finden, bis er auf den Rang eines „Zwergplaneten" zurückgestuft wurde.

SONNE

Sie steht für das „Sternzeichen" in einem Geburtshoroskop und wird mit den Sonnengöttern Helios und Apollo assoziiert und durch einen einfachen Kreis mit einem Punkt in der Mitte symbolisiert.

MOND

Der Mond verkörpert die wechselnde Natur der emotionalen Intelligenz eines Menschen und wird mit der Göttin Artemis (Diana) identifiziert. Er wird zumeist halbmondförmig abgebildet.

MERKUR

Der Planet der Kommunikation und Denkfähigkeit wird dem Gott Hermes (Merkur) zugeordnet, dessen geflügelter Helm und Stab das Planetensymbol darstellen soll.

VENUS

Der für Schönheit, Liebe, Sex und das weibliche Prinzip stehende Planet wird von der Göttin Aphrodite (Venus) repräsentiert.

MARS

Mars ist der Planet der Tatkraft, Motivation und des männlichen Prinzips, die durch den Gott Ares (Mars) personifiziert werden. Sein Schild und Speer bilden die Elemente seines Symbols.

JUPITER

Jupiter ist der Planet des materiellen Wachstums und Wohlstands, die mit dem Göttervater Zeus (Jupiter) verknüpft werden. Dieses Symbol könnte Jupiters Blitz oder seinen Vogel, den Adler, darstellen. Es könnte aber auch das griechische Zeta zu Ehren von Zeus wiedergeben, Jupiters griechischer Entsprechung.

SATURN

Der Planet Saturn, der für Ordnung und Chaos sowie Organisation und Struktur steht, wird durch den Titanen Chronos (Saturn) verkörpert. Das Symbol zeigt seine Sichel. Saturn war der römische Gott des Ackerbaus.

NEPTUN

Der 1846 entdeckte Neptun ist der Planet der Illusion, Träume sowie Fantasie und wird vom Gott der Meere Poseidon (Neptun) repräsentiert. Das Symbol stellt seinen Dreizack dar.

URANUS

1781 wurde Uranus, der Planet der Rebellion und Neuerung, entdeckt, und er wird mit dem Titanen Ouranos in Beziehung gesetzt. Das H in seinem Symbol geht auf den Nachnamen seines Entdeckers Herschel zurück und der Kreis verweist auf die Sonne.

DER TIERKREIS

Der vorindustrielle Nachthimmel unserer westlichen Vorfahren war ein großartiger Bilderteppich aus Mond, Planeten und Sternen sowie der Milchstraße, einem wolkenartigen Band aus Sternen, das Teil unserer Galaxie ist. Aufgefundene Muster innerhalb dieses scheinbaren Chaos identifizierten sie als Figuren von echten oder mythologischen Tieren, Gegenständen und übernatürlichen Wesen, aus denen sie zwölf Sterngruppen schufen, die als Sternzeichen-Konstellationen bekannt sind.

Selbst diejenigen, die behaupten könnten, nichts über Astrologie zu wissen, werden zumindest ein Sternbild oder vielleicht mehrere nennen können, weil die meisten von uns ihr astrologisches Sonnen- oder Geburtszeichen kennen. Jedes entspricht einer der zwölf Sternbilder des griechisch-babylonischen Tierkreises, die selbst Teil der achtundvierzig Sternbilder sind, die der um 100 n. Chr. im römischen Ägypten geborene Astronom Ptolemäus beschrieben hat.

Die zwölf Tierkreiszeichen bestehen aus Sternen, die mit bloßem Auge sichtbar sind (da es keine Teleskope vor dem frühen siebzehnten Jahrhundert gab), allerdings haben sie keine Beziehung zueinander außer denen, die sich frühe Astronomen und Astrologen vorstellten. Stier (Taurus) sieht beispielsweise aus wie ein schiefes Y mit einer Abzweigung, die von dessen rechtem Ast oder „Horn" abgeht und aus einem dutzend Sternen gebildet wird. Die Wahl des Stiers für diese Gruppe unterschiedlicher Sterne ist jedoch nicht so zufällig wie es scheint. Als eine Frühjahrs-Konstellation war das Erscheinen von Taurus ein wichtiger Markierungspunkt im Landwirtschaftjahr. Die Assoziation mit dem Stier spiegelt sich gleichfalls wider in seiner Bedeutung für westliche Vorfahren, für die Rinder ein wichtiges Symbol der Stärke und Fruchtbarkeit waren, zudem ein Beleg für Wohlstand, Status und Macht sowie Ausdruck des Göttlichen und Übernatürlichen.

In der Astrologie nehmen die Sternzeichen-Konstellationen jeweils Abschnitte von dreißig Grad ein, wodurch zwölf Zeichen gleicher Ausdehnung entstehen, allerdings ist das lediglich eine Konvention, da die wahren Sternbilder für unterschiedliche Dauer sichtbar bleiben. Eine weitere Sache, die es zu beachten gilt, ist die Präzession der Erdachse (die Änderung der Erdachse relativ zur Sonne und zu den Sternen) im Laufe der letzten paar Jahrtausende, das heißt, dass die tatsächlichen Positionen der Sternbilder nicht mehr mit dem Tierkreis (Zodiak) übereinstimmen. Man könnte also glauben, ein Widder zu sein, aber in Abhängigkeit vom Standort des Zeichens, in das man hineingeboren wurde, könnte man tatsächlich Fische sein.

WIDDER (ARIES)

Widder wird durch ein Paar gebogener Widderhörner symbolisiert. Als zweite domestizierte Tierart spielen Schafe eine zentrale Rolle in der menschlichen Zivilisation. Im Alten Mesopotamien waren Widderhörner ein Emblem der Göttlichkeit, und der ägyptische Sonnengott Amun-Re wird als Widder dargestellt.

STIER (TAURUS)

Der Kreis mit Hörnern ist dem modernen Wicca-Symbol des „gehörnten Gottes" ähnlich. Als eines der wichtigsten Tiere für Viehhalter und sesshafte Bauern ist es wenig überraschend, dass der Stier im Tierkreis vorkommen würde. Die ägyptischen Gottheiten Hathor und Apis werden mit dem Sternbild assoziiert.

ZWILLINGE (GEMINI)

Das Zwillinge-Symbol ähnelt der Zahl Zwei der römischen Zahlzeichen und erinnert an das Sternbild Zwillinge, das an zwei Strichmännchen denken lässt, die sich an den Händen halten. Das Zeichen wird verbunden mit den Dioskuren, den Zwillingen Kastor und Pollux, Ersterer sterblich und Letzterer unsterblich.

KREBS (CANCER)

Das Symbol des Krebses ähnelt einem Paar entgegengesetzt aneinanderliegender Sechsen, die die Scheren einer Krabbe oder eines Krebses darstellen könnten. Der Sage nach versetzte die griechische Göttin Hera (Juno) den Krebs an den Himmel, nachdem Herakles (Herkules) ihn zertreten hatte.

LÖWE (LEO)

In der Silhouette des großen, hellen Sternbilds Löwe glaubte man den Nemeischen Löwen zu erkennen, mit dem er assoziiert wird. Zeus (Jupiter) platzierte diesen Löwen am Himmel, um an die Taten seines Sohnes, des Halbgottes Herakles (Herkules), zu erinnern.

JUNGFRAU (VIRGO)

Es ist unklar, weshalb das Tierkreiszeichen der Jungfrau durch ein M mit geschwungener Linie symbolisiert wird. Man vermutet jedoch, dass es die mit diesem Zeichen assoziierte Keuschheit der mythologischen Jungfrauen darstellt und so im Gegensatz zum eher phallischen Schwanz im M des Skorpions steht.

WAAGE (LIBRA)

Die Waage ist das einzige unbelebte Element im Tierkreis. Ihr Symbol steht für eine stilisierte Ausgewogenheit, die in der griechisch-römischen Ikonografie sowie der des Alten Ägypten mit Gerechtigkeit verknüpft wird. Das Zeichen korrespondierte gewöhnlich mit dem Herbstäquinoktium, der Herbst-Tagundnachtgleiche.

SKORPION (SCORPIO)

Das Skorpionzeichen ist ein M mit energischem Schwanz, der auf den Stachel im Skorpionschwanz anspielt und auf die angeblich hohe sexuelle Aktivität von unter diesem Zeichen geborenen Menschen. Die Sonne benötigt nur sechs Tage zur Durchquerung des Sternbilds, was es zum kürzesten Tierkreiszeichen macht.

SCHÜTZE (SAGITTARIUS)

Der Schütze ist eines von zwei Sternbildern, die mit dem Zentaur verknüpft werden, einem Lebewesen mit Pferdeleib und männlichem Oberkörper aus der griechisch-römischen Mythologie. *Sagitta* bedeutet im Lateinischen „Pfeil", daher das Symbol, allerdings ist mittlerweile ein Teil der Konstellation einfach als die „Teekanne" bekannt.

STEINBOCK (CAPRICORNUS)

Das umgekehrte Dreieck des Steinbocks ähnelt vage einer piktografischen Darstellung der Hörner einer Ziege. Das frühere babylonische Zeichen dieses Sternbildes repräsentierte den Gott Ea, den man sich als Mischwesen aus Mensch, Ziege und Fisch vorstellte.

WASSERMANN (AQUARIUS)

Obwohl das Zeichen durch zwei Wellenlinien symbolisiert wird, um Wasser oder den Ozean anzudeuten, ist der Wassermann ein Luftzeichen. Es wird ebenfalls mit dem Gott Ea in Beziehung gesetzt, der Leben spendenden Regen zu den ausgedörrten Feldern Mesopotamiens brachte.

FISCHE (PISCES)

Das vollkommene Wasserzeichen Fische wird mit der Göttin Aphrodite (Venus) und ihrem Sohn Eros (Cupido) assoziiert, die auf der Flucht vor dem Ungeheuer Typhon in den Fluss Euphrat sprangen und sich entweder in Fische verwandelten oder von zwei Fischen in Sicherheit gebracht wurden.

TIERKREISZEICHENMANN

Die Medizin im mittelalterlichen und frühneuzeitlichen Europa verknüpfte Astrologie mit der Theorie der Vier Körpersäfte (Humorallehre), die aus der antiken griechischen und römischen medizinischen Praxis übernommen wurde. Die Tierkreiszeichen entsprachen verschiedenen Körperregionen und den damit verbundenen Organen und Funktionen. Der mittelalterliche Arzt musste somit die Rollen des Heilers und Astrologen ausüben, um seinen Patienten eine Diagnose zu stellen und sie zu behandeln.

Die Maxime „wie oben, so auch unten" war ein Leitprinzip im frühneuzeitlichen europäischen Denken (ein Teil der als Hermetismus bekannten Tradition), dem gemäß Menschen den Einflüssen des Himmels ausgesetzt waren, vor allem den Positionen und Bewegungen von Sonne, Mond und Sternen, von denen man annahm, dass sie an Sphären befestigt die Erde umkreisten. Die Astrologie wurde in diesem erdzentrierten Kosmos zur Vorhersage des Charakters und der Zukunft eines Menschen angewandt, aber auch zur Diagnose von Krankheiten und deren Behandlung.

Jedes Zeichen wurde mit einem Körperteil und den angeschlossenen Organen und Körperfunktionen verbunden: Widder mit Kopf, Augen und Nebennieren; Stier mit Hals, Kehle und Ohren; Zwillinge mit Schulter, Lungen und Armen; Krebs mit Brustkorb, Brüsten und kleineren inneren Organen; Löwe mit Seiten, oberem Rücken, Milz und Herz; Jungfrau mit Bauchraum, Leber und Eingeweide; Waage mit Hüften, Gesäß, unterem Rücken und Nieren; Skorpion mit Geschlechtsorganen, Becken, Blase und Rektum; Schütze mit Oberschenkeln, Beinen und Leistengegend; Steinbock mit Knie, Knochen, Haut und Nerven; Wassermann mit Unterschenkeln und Blutzirkulation und Fische mit Füßen.

Mittelalterliche Ärzte verknüpften die Anatomie des Tierkreises mit Vorstellungen aus der antiken griechischen Physiologie, der gemäß Krankheiten durch Ungleichgewichte der vier Körpersäfte Blut, Gelbe Galle, Schwarze Galle und Schleim verursacht wurden, denen jeweils eines der vier klassischen Elemente sowie die Eigenschaften warm, kalt, trocken und feucht zugewiesen wurden (s. Diagramm unten). Nach der Diagnose der Erkrankung und der Bestimmung des betroffenen Körperteils musste der Arzt ein Horoskop erstellen, um den besten Zeitpunkt für eine Operation oder den Beginn eines vorgeschriebenen Behandlungsablaufs festzulegen. Einer Kardinalregel zufolge sollte ein erkrankter Körperteil nie behandelt werden, wenn der Mond in dessen Tierkreiszeichen stand.

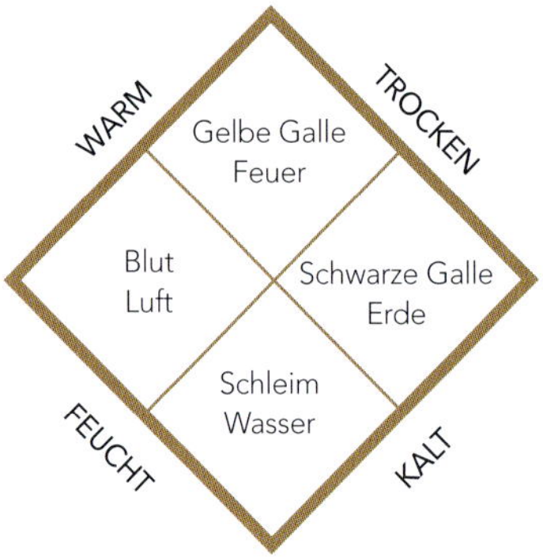

Gegenüber: Menschliche Anatomie mit Tierkreiszeichen und zugehörigen Körperteilen sowie Organen.

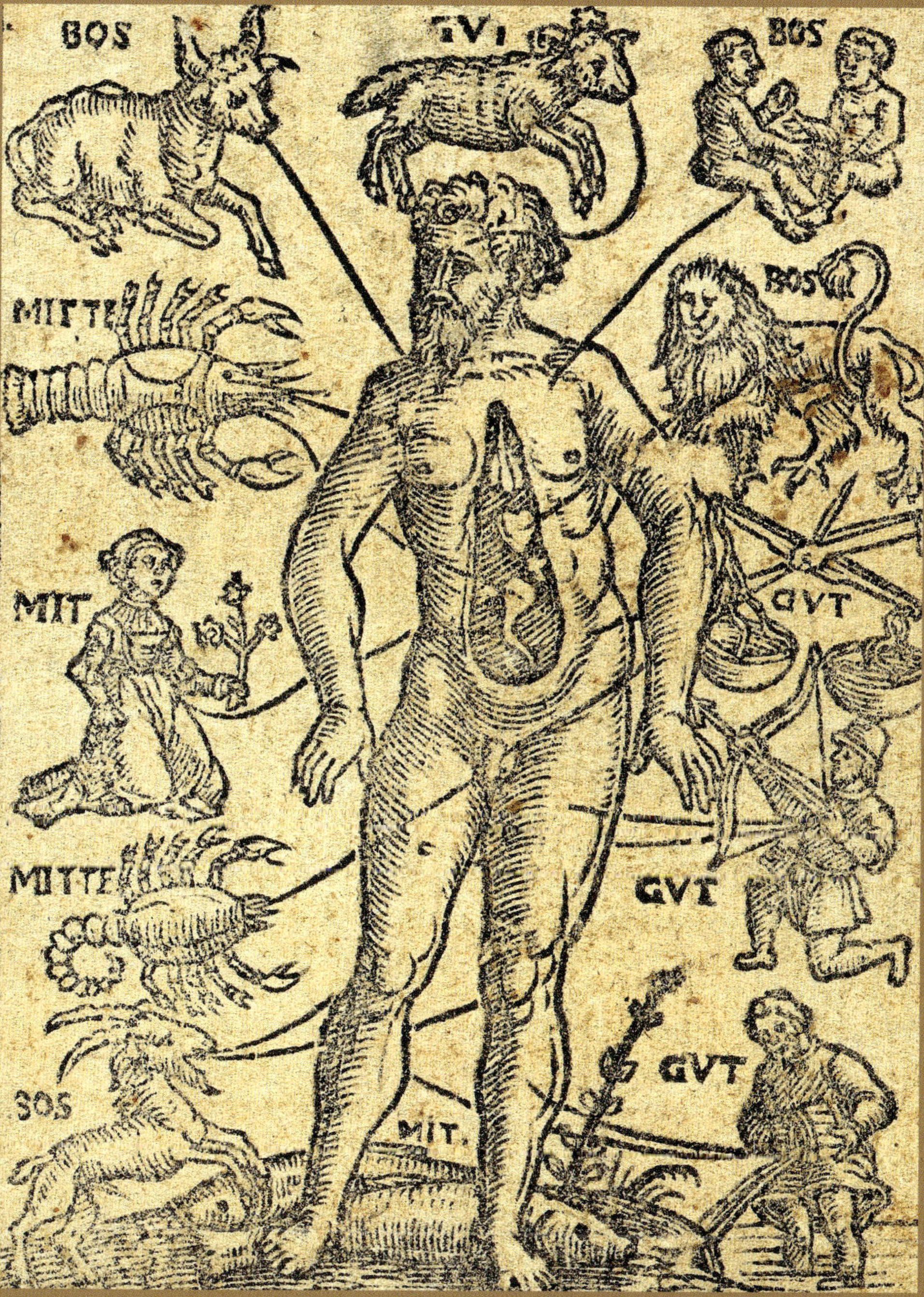
BOS
GVT
BOS
BOS
MITTE
MIT
GVT
MITTE
GVT
GVT
SOS
MIT.

ANFERTIGUNG EINES GEBURTSHOROSKOPS

Ein westliches Geburtshoroskop ist eine Darstellung des Kosmos im Augenblick der Geburt eines Menschen. Die Erde, die im Zentrum steht, wird von einem äußeren Ring mit den einbeschriebenen Symbolen der Tierkreiszeichen umschlossen, die nach den zwölf Sternbildern benannt sind. Die Symbole von Sonne, Mond und Planeten sind im Hauptteil eingetragen. Weitere wichtige Symbole geben die Positionen der Kardinalpunkte an, die zur Berechnung der Unterteilung des Diagramms verwendet werden.

Ein Astrologe muss zur Erstellung eines Geburtshoroskops die genauen Positionen von Sonne, Mond, Planeten und Aszendenten (ein über den Osthorizont tretendes Tierkreiszeichen) für den Ort, das Datum und die Zeit der Geburt eines Menschen einzeichnen. Eine moderne Darstellung ist wie ein Rad geformt, dessen Felge von den zwölf Tierkreiszeichen gebildet wird. Das Rad ist in zwölf Häuser unterteilt, deren Spitzen (die Trennlinien) wie Speichen strahlenförmig vom Zentrum wegführen. Die Positionen der Spitzen werden von den Kardinalpunkten auf dem Umfang festgelegt: der Aszendent und der Deszendent, die Himmelsmitte (*Medium coeli*) und ihr Gegenpunkt die Himmelstiefe (*Imum coeli*). Die Häuser führen die Aspekte eines Menschenlebens auf: 1. das Ich, 2. Wohlstand, 3. Geschwister, 4. Eltern, 5. Kinder, 6. Gesundheit, 7. Ehegatte, 8. Tod, 9. Reisen, 10. Beruf(ung), 11. Zugehörigkeit, 12. Abgeschiedenheit.

Die Stellung der Sonne in der Grafik markiert das Geburts- oder Sternzeichen eines Menschen. Obwohl in der populären Astrologie nur das Sternzeichen als bedeutsam gilt, so ist es doch bloß ein Teil der Informationen, die Astrologen nutzen, um die Grafik zu deuten. Zusätzlich zur Bestimmung der Positionen von Sonne, Mond, Planeten und Aszendenten innerhalb der Tierkreiszeichen und Häuser müssen sie ihre positiven und negativen Aspekte (relative Positionen) zueinander und zum Aszendenten sowie zu anderen wichtigen Punkten auf dem Umfang interpretieren. Das Sternzeichen eines Menschen legt seine Anlagen fest, während das Aszendentzeichen die Effekte der Umwelt darstellt.

Die alte Form eines Geburtshoroskops ist das auf der gegenüberliegenden Seite unten abgebildete des englischen Königs Karl I. (geboren am 19. November 1600). Die Häuser sind als zwölf ineinandergreifende Dreiecke um das Quadrat gruppiert, das den Namen des Königs, Datum und Zeit der Geburt sowie den Breitengrad seines Geburtsorts enthält. Die Tierkreiszeichen sind in den Häusern mit Ziffern platziert, die ihre astronomischen Stellungen anzeigen

Oben: Eine moderne astrologische Grafik mit den zwölf Tierkreiszeichen.
Unten: Diese Art von Geburtshoroskop, die im Mittelalter und später bevorzugt wurde, enthält dieselben Informationen wie eine kreisförmige Darstellung, ist allerdings unterschiedlich aufgebaut.

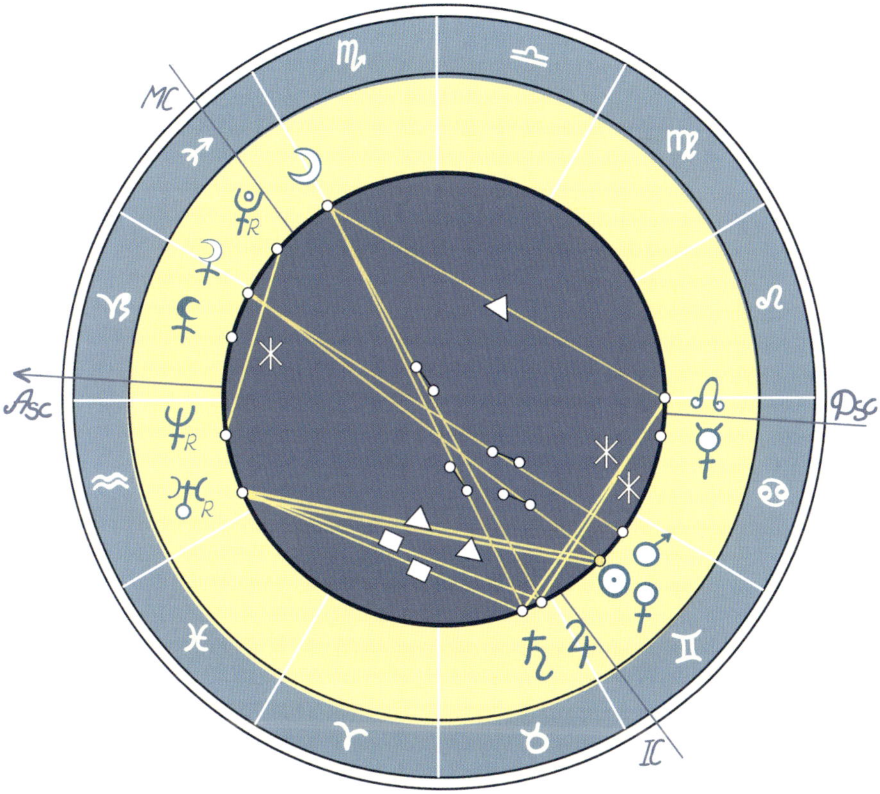
MC
Asc
Dsc
IC

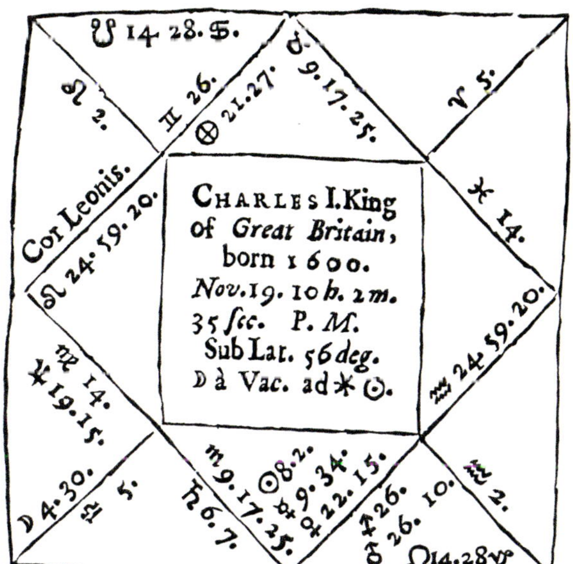
CHARLES I. King
of Great Britain,
born 1600.
Nov. 19. 10 h. 2 m.
35 sec. P. M.
Sub Lat. 56 deg.
☽ à Vac. ad ✶ ☉.
Cor Leonis.
♌ 24. 59. 20.
♒ 24. 59. 20.

ÄGYPTISCHE ASTROLOGIE

Das im vierten Jahrhundert v. Chr. in Ägypten existierende System der Geburts- und divinatorischen Astrologie weist enge Verbindungen zur griechisch-babylonischen Astrologie auf. Die Verschmelzung zweier alter Traditionen in der ägyptischen Astrologie führte zu Ergänzungen und Vervollkommnungen, von denen einige der Ankunft der Griechen in Ägypten vorausgingen. Die Beobachtung des Himmels ist bereits für die frühesten dynastischen Zeiten belegt, und die Verwendung von Symbolen der Sonne, des Mondes, der Planeten und Sternbilder auf Grabmalen und auf den Innenseiten von Särgen datiert zurück ins dritte Jahrtausend v. Chr.

Im vierten Jahrhundert v. Chr. eroberten die Makedonen das Persische Reich, das heutige Länder und Regionen umfasste wie Ägypten, Irak, Iran, Zentralasien, Pakistan und Nordindien. Sie führten die griechisch-babylonische Astrologietradition in den besetzten Gebieten ein, wo sie für die lokale Nutzung adaptiert und mit dortigen astrologischen und divinatorischen Praktiken verschmolzen wurde. Hermes Trismegistos, ein legendärer Autor früher Texte über Astrologie und Alchemie, wird eng mit dem ägyptischen Gott der Weisheit und Schrift, Thoth, verknüpft, was einige Gelehrte zu der Behauptung veranlasste, die Ursprünge der Astrologie im Alten Ägypten und nicht in Babylon zu verorten. Es steht außer Zweifel, dass die astronomischen und astrologischen Traditionen Ägyptens außerordentlich alt sind, was durch die Darstellung der sechsunddreißig Dekane (Sterngruppen) gestützt wird, deren Abbildung auf den Innenseiten von Sargdeckeln der zehnten Dynastie (um 2100 v. Chr.) andeutet, dass ihre Verwendung als zaubermächtige Zeichen dem Zweck diente, die Verstorbenen zu schützen und auf ihrer Reise durch die Unterwelt zu leiten.

Nach der Einführung der griechisch-babylonischen Astrologie wurden die Dekane Teil eines synkretistischen Astrologiesystems, das Elemente verschiedener Glaubensrichtungen vermischte und bis in die islamische Zeit hinein benutzt wurde. Später wurde es durch arabische Abhandlungen in Westeuropa bekannt. Die Dekane wurden mit den Göttern in Verbindung gebracht und eingesetzt, um die Stunden eines Tages zu messen sowie die Zehn-Tage-Abschnitte, aus denen das ägyptische Jahr bestand. Jedes Tierkreiszeichen wurde in drei Dekane unterteilt, wodurch seine drei „Phasen" entstanden, die bedeutsam waren für religiöse Rituale und die Fertigung von Talismanen zur Heilung von Krankheiten. Die gegenüber abgebildete Decke im Tempel von Dendera zeigt die Verschmelzung von ägyptischer mit griechisch-babylonischer Astrologie.
Die Ägypter ersetzten die griechisch-babylonischen Tierkreiszeichen durch ägyptische: den Nil (Steinbock), Amun-Re (Stier), Mut (Skorpion), Geb (Wassermann), Osiris (Widder), Isis (Fische), Toth (Jungfrau), Horus (Waage), Anubis (Löwe), Seth (Zwillinge), Bastet (Krebs) und Sekhmet (Schütze).

Die Decke des Tempels von Dendera zeigt den ägyptischen Tierkreis, in dem die früheren Zeichen durch ägyptische Gottheiten ersetzt sind.

INDISCHE ASTROLOGIE

Indische Astrologie oder *Jyotisha* ist ein synkretistisches System, das die griechisch-babylonische Tradition, die durch die Eroberungen Alexanders des Großen im vierten Jahrhundert v. Chr. auf den indischen Subkontinent gelangte, mit den alten vedischen astronomischen Beobachtungen verschmolz, die zur Bestimmung der günstigsten Zeitpunkte für Opferrituale zu Ehren der Götter benutzt wurden. Obwohl es viele Gemeinsamkeiten zwischen der westlichen und indischen Tradition gibt, bestehen genauso viele Unterschiede, die im Laufe der vergangenen zwei Jahrtausende divergierender Entwicklung und Praxis entstanden sind.

Der auffälligste Gegensatz zwischen westlicher und indischer Astrologie ist, dass das Geburtszeichen eines Menschen westlicher Astrologie zufolge abweicht von dem desselben Menschen gemäß Jyotisha. In der westlichen Astronomie wird das Geburtszeichen eines Menschen durch die Berechnung der Sonnenposition relativ zu einem beweglichen Tierkreis bestimmt, während in der indischen Astrologie ein feststehender Tierkreis angewandt wird. Infolge eines astronomischen Phänomens, das als Präzession der Äquinoktien bekannt ist, befinden sich beide Systeme zweiundzwanzig Grad außerhalb der Ekliptik (ein ganzes astrologisches Zeichen umfasst dreißig Grad), das heißt, dass sofern Sie Ihr Horoskop für Stier in Ihrer Tageszeitung lesen, Sie Jyotisha zufolge stattdessen das Horoskop für Widder studieren sollten, es sei denn, Sie wurden gegen Ende des Zeichens Stier geboren.

Jyotisha greift auf dieselben Grundelemente zurück wie die westliche Astrologie, darunter die Häuser oder *Bhava* sowie die zwölf Tierkreiszeichen oder *Rashi*: *Mesha* मेष (Widder), *Vrishaba* वृषभ (Stier), *Mithuna* मिथुन (Zwillinge), *Kataka* कक (Krebs), *Simha* सिंह (Löwe), *Kanya* कन्या (Jungfrau), *Thula* तुला (Waage), *Vrishika* वृश्चिक (Skorpion), *Dhanur* धनुष (Schütze), *Makara* मकर (Steinbock), *Kumdha* कुंभ (Wassermann) und *Meena* मीन (Fische). Der Einfluss von Sonne, Mond und Planeten, die gemeinsam als *Navagraha* bezeichnet werden, verändert sich gemäß ihrer Stellungen, Transite, Konjunktionen und Aspekte, wobei Jyotisha noch zwei Schattenkörper oder -planeten hinzufügt, *Rahu* und *Ketu*, die die beiden im Westen als Mondknoten bekannten Schnittpunkte der Mondbahn mit der Erdbahn bezeichnen. Andere bedeutsame Unterschiede betreffen die Anwendung der Planetenperioden, der *Dasha*, die den Daseinszustand eines Menschen lenken, und der 27 Mondhäuser, der *Nakshatras*, die alle 13°20′ der Himmelssphäre umfassen und eingesetzt werden, um die günstigen und ungünstigen Tage in voraussagender Astrologie festzulegen. Die indische Astrologie weicht noch in einem anderen wesentlichen Aspekt von der westlichen ab, indem sie in das hinduistische Glaubenssystem mit den Konzepten von Karma und Reinkarnation einbezogen wird.

Darstellung des indischen Tierkreises. Obwohl die Zeichen eine charakteristische indische Ausprägung aufweisen, ähneln sie deutlich denen, die im Westen gebräuchlich sind.

DER CHINESISCHE TIERKREIS

Obwohl eine oberflächliche Ähnlichkeit zwischen dem chinesischen Tierkreis und seinem westlichen Gegenstück besteht - beide sind in zwölf Zeichen unterteilt - beruhen die beiden Systeme jedoch auf völlig unterschiedlichen Glaubensvorstellungen und Methoden, um die Eigenschaften eines unter einem astronomischen Zeichen geborenen Menschen zu ermitteln und den Verlauf seines zukünftigen Lebens vorherzusagen. Chinesische Wahrsager benutzen anstelle abstrakter Symbole Tiere als mnemonische Hilfsmittel für komplizierte kosmologische Konzepte.

Seit der Antike gab es entlang der Seidenstraße wirtschaftliche, wissenschaftliche und kulturelle Beziehungen zwischen China, Indien und dem Nahen Osten. Trotz der Übertragung indischer astrologischer Texte ins Chinesische bereits in frühen nachchristlichen Jahrhunderten adaptierten die Chinesen weder die griechisch-babylonische noch die indische Astrologie, auch wenn sie den indischen Buddhismus begeistert annahmen. Wie lassen sich diese Entscheidungen der Untertanen im Kaiserreich China erklären? Es könnte sein, dass das alte, etablierte Tierkreissystem derart eng mit dem chinesischen Taoismus und seinen Praktiken verflochten war – etwa in Form der Geomantie oder anderer Arten der Weissagung, des Ahnenkults und der Medizin – dass es leicht der Herausforderung einer rivalisierenden Astrologietradition stand hielt, die auf einer völlig unterschiedlichen Auffassung des Kosmos und der Stellung der Menschheit darin basierte.

Wie wir im nächsten Kapitel sehen werden, glaubten die Menschen im Alten China, dass der Kosmos sich in ständigem Fluss befände aufgrund der Wechselwirkung von Yin und Yang mit den Fünf Elementen (*Wuxing*). Sie übertrugen dies auf den Makrokosmos des Universums und den Mikrokosmos des Körpers. Chinesische Astronomen und Weise studierten die Bewegung der astronomischen Körper und den Wechsel der Jahreszeiten, um die Zyklen zu erkennen, die jeden Aspekt des Seins lenkten. Jedes Jahr ein immerwährender Kreislauf – jeder Monat, jede Woche, jeder Tag und jede Stunde waren der komplexen Wechselwirkung von Yin-Yang und Wuxing unterworfen. Sie erstellten auf der Grundlage ihres Wissens einen Mondkalender, um damit den Charakter eines Menschen zu bestimmen und den Verlauf zukünftiger Ereignisse vorauszusagen.

In der populären Version des chinesischen Tierkreises wird nur das Zeichen benutzt, das mit dem Geburtsjahr korrespondiert, professionelle Wahrsager jedoch müssen auch den Monat, den Tag und die Stunde der Geburt eines Menschen berücksichtigen, da sie alle von unterschiedlichen Tieren beherrscht werden, die als „innere", „wahre" und „geheime" Tiere bekannt sind. Ein umfassendes Verständnis des Charakters und der Zukunft eines Menschen kann ausschließlich erzielt werden, indem die positiven und negativen Aspekte der Beziehungen zwischen den Tieren, die diese vier Zeiten verkörpern, aufgezeigt werden.

Der chinesische Tierkreis ähnelt zwar oberflächlich der westlichen Variante, die Zeichen entsprechen jedoch zeitlichen Perioden – Jahren, Monaten, Wochen, Tagen, Stunden – statt astronomischen Körpern.

Jedes der zwölf Zeichen des chinesischen Tierkreises ist entweder mit Yin oder Yang, einem der Fünf Elemente (Wuxing) und einer Doppelstunde des Tages verbunden. Die Verknüpfung mit Tieren bedeutet keine Gleichsetzung der Zeichen mit den Eigenschaften tatsächlicher Lebewesen, sondern ist vielmehr eine metaphorische Beschreibung, die als Mnemonik für die abstrakten Konzepte der Zeichen fungiert. Es gilt zu beachten, dass der chinesische Tiersymbolismus sich sehr von dem westlicher und nahöstlicher Kulturen unterscheidet, in denen bestimmte Tiere wie das Schwein, die Schlange oder Ratte als rituell unrein, unhygienisch oder böse gelten.

RATTE (鼠)

Yang; Element: Wasser; Uhrzeit: 23.00–01.00. Das Piktogramm zeigt den Kopf und die Schnurrhaare des Tieres. Ratten gelten an einigen Orten als ausgesprochene Delikatesse, sind aber auch als Überträger der Beulenpest bekannt.

OCHSE (ODER BÜFFEL) (牛)

Yin; Element: Erde; Uhrzeit: 01.00–03.00. Man glaubte, der die Landwirtschaft verkörpernde Ochse höre durch seine Nase. Ein „Frühlingsochse" aus Ton wird mit Stöcken zerschlagen, um die Wiedergeburt der Natur zu symbolisieren.

TIGER (虎)

Yang; Element: Holz; Uhrzeit: 03.00–05.00. In China ist nicht der Löwe der „König des Dschungels", sondern der Tiger. Die beiden Elemente des Symbols stellen seine Streifen und seine Fähigkeit dar, auf seinen Hinterbeinen zu stehen.

HASE (兔)

Yin; Element: Holz; Uhrzeit: 05.00–07.00. Im Gegensatz zur westlichen Vorstellung, ständig brünstig zu sein, wird der Hase mit Sanftmut, Eleganz und Schönheit verknüpft. Er gilt als das glücklichste Zeichen des chinesischen Tierkreises.

DRACHE (龙)

Yang; Element: Erde; Uhrzeit: 07.00–09.00. Im Unterschied zu seinem schädlichen westlichen Gegenstück wird der chinesische Drache mit Glück und Gesundheit assoziiert. Als Zeichen der Macht und Autorität wurde er auf die kaiserliche „Drachenrobe" gestickt.

SCHLANGE (蛇)

Yin; Element: Feuer; Uhrzeit: 09.00–11.00. Gewisse Aspekte der Schlangen gelten als böse, andere jedoch werden wegen ihrer Verwandtschaft mit Drachen für glücklich gehalten. Das Zeichen für „Schlange" soll eine aufgerichtete Kobra darstellen.

PFERD (马)

Yang; Element: Feuer; Uhrzeit: 11.00–13.00. Die Darstellung des Pferds zeigt seinen Kopf, seine Mähne und Beine. Die Manschetten und der Zopf, die offiziellen Kennzeichen der Qing-Beamten, wurden von Pferdehufen und -schwanz angeregt.

ZIEGE (ODER SCHAF) (羊)

Yin; Element: Erde; Uhrzeit: 13.00–15.00. Das Zeichen für „Schaf" stellt seine Hörner und vier Beine von oben gesehen dar. Es symbolisiert Respekt gegenüber den Eltern und steht für Zurückgezogenheit. Das Schaf war eines der sechs Opfertiere.

AFFE (猴)

Yang; Element: Metall; Uhrzeit: 15.00–17.00. Obwohl der Affe ein Symbol für Hässlichkeit und List ist, stellt der Affenkönig in *Die Reise nach Westen* die Einführung des Buddhismus in China sicher, indem er den Mönch Tripitaka dabei unterstützt.

HAHN (鸡)

Yin; Element: Metall; Uhrzeit: 17.00–19.00. Als „König des Hofes" schlechthin ist der Hahn ein Symbol für Stolz und Führerschaft. Wie im Westen wird er mit den frühen Tagesstunden assoziiert, die traditionell mit dem „Hahnschrei" beginnen.

HUND (狗)

Yang; Element: Erde; Uhrzeit: 19.00–21.00. Hunde besitzen in der chinesischen Symbolik einen zwiespältigen Ruf, sind sie doch Beschützer, aber auch Aasfresser. Sie wurden früher als kaiserliche Schoßhunde und wegen ihres Fells und Fleisches gezüchtet.

SCHWEIN (猪)

Yin; Element: Wasser; Uhrzeit: 21.00–23.00. Das Schwein gehörte einst zu den Opfertieren. Schweinefleisch kann mit gefährlichen Erregern infiziert werden und daher riefen die Chinesen den Schweinegott an, um sie vor Erkrankung zu schützen.

DER MAYA-KALENDER

Die präkolumbianischen indigenen Kulturen Mesoamerikas, zu denen die Olmeken, Tolteken, Maya und Azteken gehören, waren weit fortgeschritten in Mathematik und Astrologie, die sie zu rituellen, astrologischen und divinatorischen Zwecken entwickelten. Die Maya der klassischen Epoche (drittes bis zehntes Jahrhundert n. Chr.) waren die herausragendsten Mathematiker und Astronomen ihrer Zeit, was sie befähigte, ein bis in die Neuzeit hinein einzigartiges astronomisches Kalendersystem zu schaffen.

Die Maya besiedelten ein Gebiet, das sich von Südmexiko über Guatemala, Belize und Honduras bis nach El Salvador erstreckte. Während der klassischen Periode bauten sie gewaltige Städte und Zeremonialzentren auf der Halbinsel Yucatán, die sie mysteriöserweise im zehnten Jahrhundert aufgaben, um dann im Norden neue Städte zu errichten, die bis zur Ankunft der spanischen Konquistadoren im sechzehnten Jahrhundert bestanden.

Als die untergegangenen Maya-Stätten im neunzehnten Jahrhundert von Archäologen wiederentdeckt wurden, wurde viel Aufhebens gemacht wegen der oberflächlichen Ähnlichkeiten zwischen den Maya-Schriftzeichen und den ägyptischen Hieroglyphen sowie zwischen den Maya-Pyramiden und den mesopotamischen Zikkurats. Unabhängig von der großen Entfernung zwischen Mesoamerika und dem Nahen Osten sowie der zeitlichen Diskrepanz zwischen den Blütezeiten dieser sehr unterschiedlichen Kulturen gibt es keine Beweise in zeitgenössischen oder archäologischen Dokumenten, die irgendwelche Verbindungen zwischen der Alten und Neuen Welt nahelegen. Die außerordentlichen Errungenschaften der Maya in Mathematik und Astronomie, die ihnen ermöglichten, den präzisesten und genauesten Kalender ihrer Epoche zu erschaffen, beruhen ausschließlich auf ihren jahrhundertelangen geduldigen Beobachtungen des Himmels.

Obwohl die magischen und divinatorischen Symbole des Maya-Kalenders erst Thema im dritten Kapitel sind, muss bereits hier der einzigartige Blick der Maya auf die Zeit erwähnt werden, der zur Entwicklung eines Kalendersystems führte, das den 260-tägigen rituellen *Tzolkin*-Kalender mit dem 365-tägigen *Haab*-Sonnenkalender kombinierte und so Berechnungen der entfernten Zukunft und von Eklipsen, Planetentransiten sowie den Durchgang von Kometen mit einer bis in die Neuzeit hinein unerreichten Präzision ermöglichte. Die Maya verstanden Zeit als zyklisch und glaubten, frühere Ereignisse würden sich in der Zukunft wiederholen. Sie erstellten riesige Sammlungen von Büchern über Divination, in denen vergangene Geschehnisse dokumentiert waren, die sie mit ihren astronomischen Beobachtungen abglichen, sodass sie vorhersagen konnten, was sich in naher und ferner Zukunft abspielen würde. Sie wandten dies auf den Charakter und Lebenslauf eines Menschen an, der an einem bestimmten Tag des aktuellen Kalenderzyklus geboren wurde.

Die drei ineinandergreifenden Räder des Maya-Kalenders: die Zahlen eins bis dreizehn, die 260 Tage des Tzolkin und die 365 Tage des Haab.

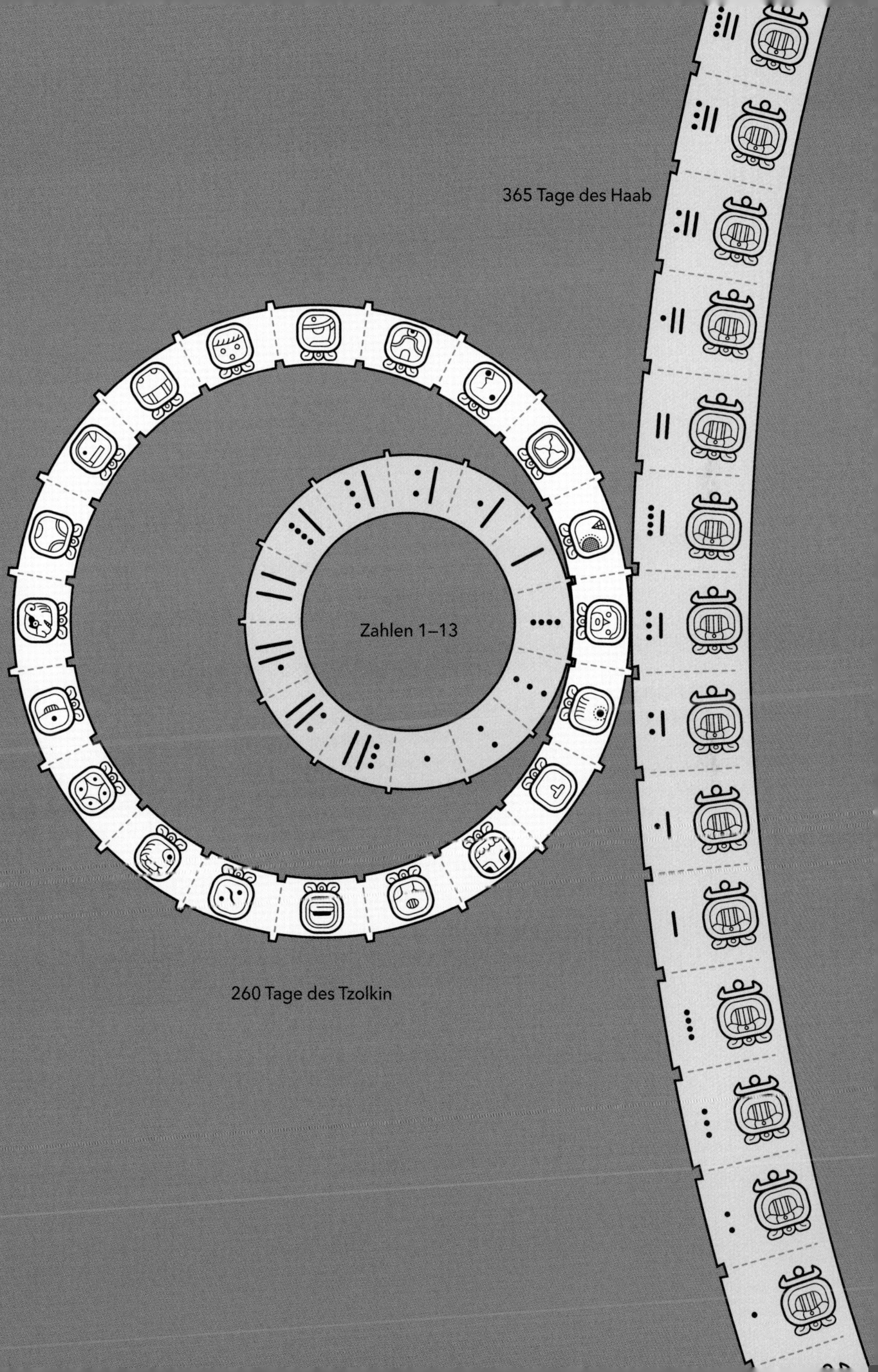
365 Tage des Haab
Zahlen 1–13
260 Tage des Tzolkin

2

DIE NATÜRLICHE WELT

Wir wissen nicht genau, wann moderne Menschen erstmals ihre afrikanische Heimat verließen und ins Unbekannte aufbrachen. Sie reisten mit der allernötigsten Ausrüstung, allerdings müssen sie eine Intelligenz besessen haben, die sie befähigte, sich in lebensfeindlichen und unberechenbaren Umgebungen zu behaupten. Vielleicht glaubten sie, dass sie die neuen Welten, die sich vor ihnen erstreckten, bis zu einem gewissen Grad verstehen und beeinflussen könnten.

Homo sapiens ist mit 300.000 bis 350.000 Jahren eine junge Spezies im Vergleich zur Entstehung des Lebens auf dem Planeten Erde zwischen 4,5 und 3,5 Milliarden Jahren BP. Ein sogar noch jüngeres Datum wird mit der Ausbildung von Eigenschaften und Fähigkeiten verknüpft, deren Aneignung durch unsere Spezies mit dem Begriff der „Verhaltensmodernität" bezeichnet wird, die Kunst, Begräbnisriten, Religion und auch magisches sowie symbolisches Denken einschließt, durch die Menschen die natürliche Welt zu verstehen und zu beeinflussen versuchten.

Man stelle sich eine Gruppe steinzeitlicher Jäger vor, die mit Fackeln in die tiefste Kammer einer Höhle absteigen, deren Wände mit Darstellungen von Beutetieren bedeckt sind, wo der Schamane und die Stammesältesten die magischen Rituale vorbereitet haben, um den Erfolg der bevorstehenden Jagd sicherzustellen. Wie spätere Völker, die mit der natürlichen Welt in Einklang lebten, identifizierten sie sich mit unterschiedlichen Tieren und Pflanzen in Beziehungen, die direkte Verwandtschaft beanspruchten und Pflichten auferlegten, welche Anthropologen mit den Konzepten von „Totem" und „Tabu" erklärten, wonach Menschen in einer Gruppe um Erlaubnis bitten, eine Tierart zu jagen, der sie sich aufs Engste verbunden fühlen, und um Loslösung nachsuchen für die Leben, die sie in Kürze auslöschen würden.

Diese Rekonstruktion ist lediglich eine Vermutung, allerdings keineswegs so abwegig, wenn man bedenkt, wie sich Menschen in historischer Zeit bemühten, die natürliche Welt durch Magie zu beherrschen. Prähistorische Kunst umfasst abstrakte Symbole und Handabdrücke, deren genaue Bedeutung unbekannt ist, aber die Darstellungen der Tiere, auf die unsere Vorfahren für ihr Überleben angewiesen waren, sind in ihrer Differenziertheit außergewöhnlich. In diesem Stadium sind Tiere und ihre Abbildungen daher eins, sodass in Ritualen keine abstrakten Symbole nötig waren, da auf die Tiere selbst vorausgewiesen wurde.

Das magische Denken unserer Vorfahren ist auf gewisse Weise erstaunlich, weil es sich erheblich von religiösem Denken unterscheidet: Während die Religion Menschen zu passiven Empfängern göttlicher Gunst oder Bestrafung macht, stellen sie sich in Magie auf dieselbe Stufe wie die Kräfte, die sie zu beherrschen versuchen, seien es ihre Beutetiere, das Wachstum der Erntepflanzen oder die natürlichen Phänomene, von denen sie abhingen. Je mehr Menschen ihre natürliche Welt hinterfragten, um neue Möglichkeiten zu ihrem Verständnis zu entdecken, desto zahlreicher wurden die abstrakten Symbole, die sie zur Beschreibung ihrer Bestandteile und Prozesse schufen.

Steinzeitliche Malerei eines Steppenbisons in der Höhle von Altamira im spanischen Kantabrien.

DIE KLASSISCHEN ELEMENTE

Die Symbole der klassischen Elemente Feuer, Erde, Luft und Wasser, denen der griechische Philosoph und Naturwissenschaftler Aristoteles als fünftes den Äther hinzufügte, stehen am Anfang unserer Darstellung der frühen Versuche in der westlichen Welt, die physikalische Zusammensetzung der Materie zu verstehen. Während des Mittelalters bildete die Lehre der Elemente das Fundament der Pseudowissenschaft Alchemie, aus der sich hinwiederum die Wissenschaft der Chemie entwickelte, die bislang 118 chemische Elemente bestimmt hat, aus denen das Periodensystem besteht.

Das Konzept der vier oder fünf Elemente hat es in vielen Kulturen gegeben, aber im Westen waren es die Griechen, die die erste rationale Erklärung für die Beschaffenheit der Materie formulierten. Griechische Philosophen stützten sich auf Beobachtungen sowie Experimente, aus denen sie schlossen, dass alle Materie aus den vier Elementen Feuer, Erde, Luft und Wasser aufgebaut war. Aristoteles' Äther war die unveränderliche Substanz des Himmels, die von den Prozessen der Erzeugung, der Umwandlung und des Verfalls ausgenommen war. Diese Theorie blieb bis in die Zeit der Renaissance hinein zentral für das Verständnis der Struktur von Materie und gehörte zu den Grundbegriffen der mittelalterlichen Alchemie, Astrologie und Humoralpathologie (der Lehre von den vier Körpersäften).

In der Astrologie wurden jedem Zeichen die Eigenschaften eines der vier Elemente zugeordnet, so galten zum Beispiel Widder, Löwe und Schütze als Feuerzeichen. Diese Einteilung zusammen mit der Zuweisung einer der vier Jahreszeiten wurde angewandt, um den Grundcharakter eines Zeichens festzulegen. Die Wasserzeichen Krebs, Skorpion und Fische waren wegen ihrer Assoziation mit Winter kalt und feucht. Jedes Zeichen kam allerdings in mehr als einer Jahreszeit vor und veränderte dadurch seine elementaren Qualitäten, sodass ein Feuer- und Frühjahrszeichen wie Widder sowohl warm und trocken als auch warm und feucht war.

Mittelalterliche Ärzte stellten ähnliche Verknüpfungen zwischen den vier Elementen und vier Körpersäften her (s. Diagramm unten und auf S. 18). Gelbe Galle wurde mit Feuer kombiniert, Schwarze Galle mit Erde, Blut mit Luft und Schleim mit Wasser. Die Säfte wurden ferner als warm oder kalt und feucht oder trocken beschrieben. Diese Assoziationen verbanden das System der elementaren und das der jahreszeitlichen Eigenschaften mit den Tierkreiszeichen zu einem geschlossenen pseudowissenschaftlichen Glaubenssystem, in dem der Glaube an eine Komponente den an die anderen bestärkte, obwohl es absolut keinen Beweis für ihre Existenz oder praktische Wirksamkeit gab.

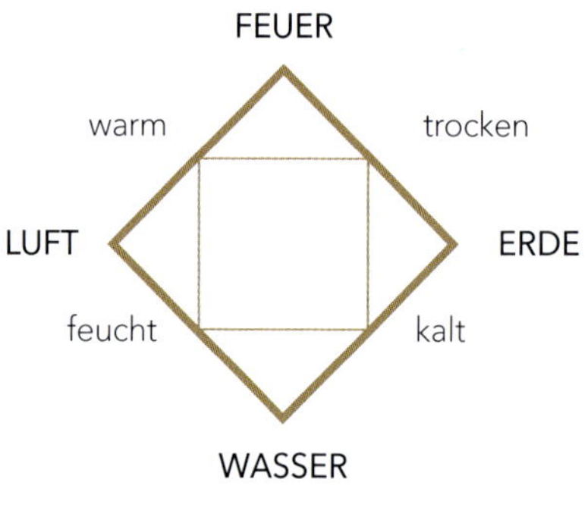

Die Elemente und die Eigenschaften der vier Körpersäfte.

Diese Symbole der Elemente sind aus dem gegenüberliegenden Diagramm abgeleitet, das die Beziehungen zwischen den Elementen und ihren Eigenschaften darstellt.

FEUER

Verbunden mit den Zeichen Widder, Löwe und Schütze.

ERDE

Assoziiert mit den Zeichen Stier, Jungfrau und Steinbock.

LUFT

Verknüpft mit den Zeichen Zwillinge, Waage und Wassermann.

WASSER

Kombiniert mit den Zeichen Krebs, Skorpion und Fische.

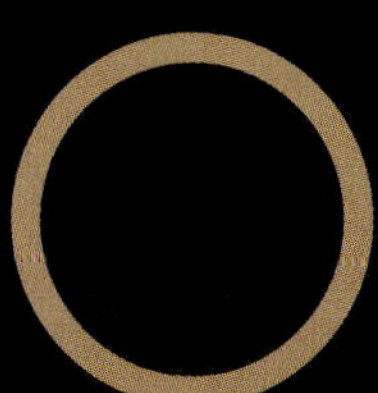

ÄTHER

Unveränderliches Element, das den Himmel und die Himmelskörper bildet.

CHINESISCHE KOSMOLOGIE

Die fünf Elemente, Wuxing, und Energie, Yin und Yang, *Qi* und die *Bagua* (acht Trigramme), bilden die Grundelemente der chinesischen Kosmologie, die immer noch erheblichen Einfluss in Festlandchina und den großen Gemeinschaften der chinesischen Diaspora besitzt. Dieser Lehre zufolge ist der Kosmos in ständiger Bewegung, indem er durch die einander entgegengesetzten Paare Yin und Yang aktiviert und durch die Energie Qi angeregt wird, die zusammen die fünf Elemente Holz, Feuer, Erde, Metall und Wasser umwandeln. Die fünf Elemente werden in der Medizin, Geomantie und Weissagungsmethode angewandt, wobei Letztere sich der Bagua bedient, die in dem klassischen divinatorischen Text *I Ging* (*Buch der Wandlungen*) aufgeführt werden.

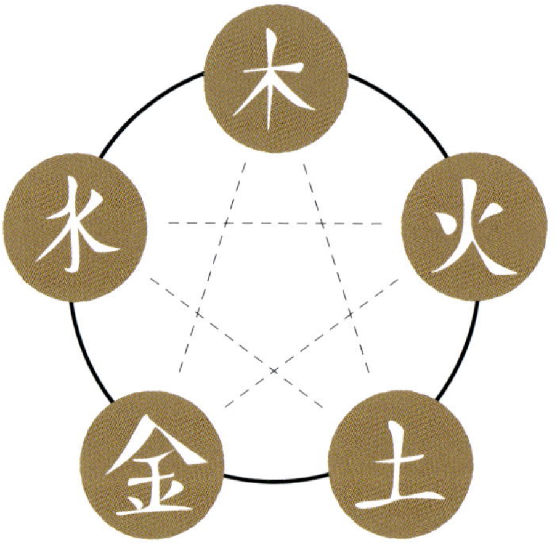

WUXING

Die fünf Elemente sind nicht gleichbedeutend mit den antiken griechischen Elementen Erde, Luft, Feuer, Wasser und Äther oder mit den modernen wissenschaftlichen Elementen, die jeweils feste Bestandteile der Materie darstellen. Sie müssen vielmehr als die Übergänge zwischen verschiedenen Phasen der Materie und Energie gesehen werden. Die Unterschiede zwischen den beiden Systemen lassen sich gut veranschaulichen, indem man sich die westlichen Elemente als Zustände vorstellt, die chinesischen hingegen als Prozesse. Die Wandlungen der Elemente schaffen zwei Zyklen, den der Nährung (生, *Sheng*): Holz nährt Feuer, Feuer erzeugt Erde, Erde bringt Metall hervor, Metall lässt Wasser kondensieren und Wasser nährt Holz; und den der Zerstörung (克 *Ke*): Holz spaltet Erde, Erde absorbiert Wasser, Wasser erstickt Feuer, Feuer schmilzt Metall, Metall spaltet Holz.

YIN UND YANG

Dualismus steht im Zentrum der chinesischen Kosmologie, das heißt, dass alles im Kosmos aus einander entgegengesetzten Paaren aufgebaut ist – hell und dunkel, Sonne und Mond, aktiv und passiv, männlich und weiblich, feucht und trocken, heiß und kalt, positiv und negativ – die sich in ständigem Fluss und Übergang befinden. Harmonie und Gesundheit werden beibehalten, wenn diese Gegensätze im Gleichgewicht sind. Dies wird im *Taijitu*-Zeichen (太極圖) symbolisiert, in dem die beiden Hälften des Kreises, die Yin (陰) und Yang (陽) darstellen, den Keim des jeweiligen Gegensatzes enthalten.

QI

Die subtile Energie Qi hat in der westlichen Tradition kein Gegenstück. Sie ist die Kraft, die alle lebendigen Dinge antreibt. Wir werden mit einem von unseren Eltern geerbten Vorrat an Qi geboren und erhalten mehr aus unserer Umwelt durch die Luft, die wir einatmen, und die Nahrung, die wir zu uns nehmen. Die Chinesen glauben, dass sich unser Vorrat an Qi durch Krankheit verringert, was durch Unausgewogenheiten von Yin und Yang verursacht wird, jedoch wieder erhöht werden kann zusammen mit einer Verbesserung des Flusses von Qi durch den Körper, wenn wir die richtige Ernährung befolgen, indem wir Kräuterpräparate einnehmen und Übungen wie *Qigong* und *Tai Chi* durchführen.

TRIGRAMME

Die *Bagua* oder acht Trigramme bilden die Grundlage für das älteste und maßgeblichste Buch der chinesischen Weissagung, das *I Ging* (klassische deutsche Übersetzung aus dem Chinesischen von Richard Wilhelm unter dem Titel *Buch der Wandlungen*), das viele Chinesen immer noch benutzen, um jeden Aspekt ihres Lebens zu lenken. Das *I Ging* wurde im späten neunten Jahrhundert v. Chr. während der Zhou-Dynastie zusammengestellt, wobei modernere Versionen detaillierte Kommentare und Interpretationen enthalten, die in den folgenden Jahrhunderten angefügt wurden.

In den frühesten chinesischen Yin-Yang-Orakeln wurden Steine aus Holz oder Stein verwendet, die entweder eine durchgehende Linie als Symbol für Yang und „Ja" aufwiesen oder eine unterbrochene Linie als Symbol für Yin oder „Nein". Dieses System war jedoch zu einfach, um die komplexen Fragen einer zunehmend gebildeten städtischen Kultur zu beantworten, sodass eine zweite Linie hinzugefügt wurde, was vier Möglichkeiten ergab: Yang-Yang, Yin-Yin, Yang-Yin und Yin-Yang. Aber auch dies wurde als zu einfach empfunden und so entstanden durch eine dritte Linie die Bagua, die acht auf der gegenüberliegenden Seite abgebildeten Trigramme.

In ihrer endgültigen divinatorischen Ausprägung im *I Ging* wurden die Trigramme zu jeweils zwei Paaren kombiniert, um vierundsechzig Hexagramme zu erzeugen. *Tai*, der Friede, setzt sich beispielsweise zusammen aus *Kun*, das Empfangende, Erde, und darüber aus *Qian*, das Schöpferische, Himmel. Hexagramme lassen sich auch durch das Werfen von Münzen herstellen, die auf einer Seite Yin und der anderen Yang darstellen, oder durch Bündel von Schafgarbenstängeln, aus deren Mustern die Hexagramme gedeutet werden. Diese einfachen zufallsbestimmten Verfahren schaffen eine okkulte Verbindung zwischen Zufallsmustern und Ereignissen in der realen Welt. Die Deutung der Hexagramme ist so anspruchsvoll, dass gelehrte Kommentare zum Thema den Großteil des *I Ging* füllen.

Ein Bagua-Talisman aus Kupfer, Silber, Bronze oder Jade mit den eingravierten Trigrammen, die um ein zentrales Yin-Yang-Symbol angeordnet sind, ist ein Glücksamulett, das vor Unglück schützt und zukünftiges Wohlergehen sicherstellt. Die Bagua finden sich auch an Eingängen von Häusern, Geschäftsräumen und taoistischen Tempeln. In *Feng Shui* (chinesische Geomantie) wird ein Bagua-Diagramm auf den Grundriss eines Gebäudes projiziert, um festzulegen, wie der Zustrom der subtilen Energie Qi verbessert und aufrechterhalten werden kann, um sowohl Gesundheit als auch Wohlgefühl der Bewohner zu gewährleisten.

Ein kleiner metallener Bagua-Talisman mit einem Yin-Yang-Symbol in der Mitte, der zum Schutz vor Unglück getragen wird.

☰

QIAN

das Schöpferische, Stärke, Himmel, Vater

☷

KUN

das Empfangende, Hingabe und Ergebenheit, Erde, Mutter

☳

ZHEN

das Erregende, Bewegung, Donner, ältester Sohn

☵

KAN

das Abgründige, Gefahr, Wasser, mittlerer Sohn

☶

GEN

das Stillhalten, Ruhe, Berg, jüngster Sohn

☴

SUN

das Sanfte, Durchdringung, Wind und Wald, älteste Tochter

☲

LI

das Anhaften, Leuchten, Feuer, mittlere Tochter

☱

DUI

das Fröhliche, See, jüngste Tochter

OSTASIATISCHE NATURSYMBOLIK

Im chinesischen Tierkreis stellen die zwölf Tiersymbole komplexe kosmologische Konzepte dar, wobei eine implizite Verbindung zu den Tieren selbst nur in einfachen Deutungen der chinesischen Geburtshoroskopie besteht. Die Chinesen verbreiteten diese über Jahrtausende entwickelten Vorstellungen in ganz Ostasien, wo sie existierende Traditionen der Tier- und Pflanzensymbolik entweder ersetzten oder damit verschmolzen. Dieser Abschnitt bietet eine Auswahl der bekanntesten ostasiatischen Tier- und Pflanzensymbole und untersucht deren verborgenen Bedeutungen.

Im Gegensatz zu den westlichen und nahöstlichen Kulturen, die beständigen Veränderungen durch die Entstehung neuer Religionen, Zu- und Abwanderung sowie Turbulenzen sozialer, wirtschaftlicher und politischer Natur unterlagen, hat China eine bemerkenswerte sprachliche, soziale und kulturelle Kontinuität erlebt, die selbst die kommunistische Revolution überstand. Althergebrachte Praktiken wie Weissagung, der Tierkreis, Geomantie und traditionelle chinesische Medizin sowie Tai Chi, die während der Kulturrevolution der 1960er- und 1970er-Jahre zeitweise unterdrückt wurden, werden mittlerweile wieder unbehindert ausgeübt. Millionen Chinesen besuchen die Museen, die archäologischen Stätten, die Verbotene Stadt in Peking und die taoistischen und buddhistischen Tempel und Schreine, wo sie die traditionellen Symbole Chinas umgeben, die geradezu mit der Gebäudestruktur verwoben sind. Dieselben Symbole in ihren alten oder zeitgenössischeren Formen finden sich überall in China auf Mustern der dekorativen Kunst und von Textilien wieder.

Seit dem Aufstieg ihrer ersten Kaiserdynastien während der Bronzezeit haben die Chinesen Tier- und Pflanzensymbole als Talismane benutzt, um schlechte Einflüsse, Krankheit und Unglück abzuwehren und Glück, Gesundheit sowie Langlebigkeit anzuziehen. Die folgenden Jahrtausende hindurch übermittelten sie diese Symbole und ihre Bedeutungen an ihre Nachbarn in Korea, Japan, der Mongolei und Vietnam. Einige dieser Symboltiere waren in ihren neuen Heimaten zuvor unbekannt, beispielsweise der Tiger, der niemals durch Japans Wälder streifte, und andere existierten überhaupt nicht, weil sie wie das Qilin oder der Phönix Fabelwesen waren. Waren sie aber erst einmal übernommen, wurden sie Teil der Ikonografie Asiens und später auch der riesigen weltweiten in der Diaspora lebenden ostasiatischen Gemeinschaften.

Westliche Besucher, die irgendeine von ostasiatischen Geschäften dominierte Gegend aufsuchen, werden überall Tier- und Pflanzenmotive erblicken, wohin auch immer sie sich wenden. Sie könnten sie für bloße dekorative Muster halten, tatsächlich sind sie aber Buchstaben eines alten ostasiatischen Alphabets aus Tier- und Pflanzensymbolen.

BIANFU (FLEDERMAUS)

Glück und Langlebigkeit.
Ein kunstvolles, dekoratives Symbol, das in Rot dargestellt wird, der Farbe des Glücks.

MAO (KATZE)

Vorbote der Armut.
Obwohl sie Unglück bringt, ist die Katze bekannt als Beschützerin der Seidenraupen.

GUAN (KRANICH)

Langlebigkeit.
Die Abbildung eines Kranichs wird auf einem Sarg angebracht, um die Seele davonzutragen.

QUAN (HUND)

Schutz und Wohlstand.
Grimmige Löwenhunde halten Wache an den Eingängen von Tempeln und Palästen.

HULI (FUCHS)

Verwandlung und List.
Der Fuchs ist ein Gestaltwandler, der auch Menschengestalt annehmen kann.

FENGHUANG (PHÖNIX)

Schönheit und Güte.
Der Phönix wurde benutzt, um die Roben der chinesischen Kaiserin zu verzieren.

HU (TIGER)

Mut und Würde.
Der Tiger war ein Talisman, der auf die Schilde der Krieger aufgemalt wurde.

QILIN (EINHORN)

Sanftmut und Wohlwollen.
Das Einhorn wurde auf die Gewänder der chinesischen Militärbeamten gestickt.

LIANHUA (LOTUS)

Reinheit und spirituelle Erleuchtung.
Sie stellt den Lotussitz des meditierenden Buddhas dar.

TAO (PFIRSICH)

Heirat und Unsterblichkeit.
Der Pfirsichbaum der Götter galt als Symbol der Unsterblichkeit.

SONG (KIEFER)

Langlebigkeit und hohes Alter.
Man nahm an, dass sich das Harz einer tausendjährigen Kiefer in Bernstein verwandeln würde.

MEI (PFLAUME)

Winter und Langlebigkeit.
Der Weise Laotse soll unter einem Pflaumenbaum zur Welt gekommen sein.

HEILIGE BÄUME

Bäume sind äußerst symbolträchtig sowohl in Kulturen, wo sie im Überfluss vorhanden sind, als auch in Kulturen, wo sie eine knappe, wertvolle Ressource bilden. Sie können einerseits die positiven Aspekte der Natur und des Lebens darstellen - Wachstum, Fruchtbarkeit, Erneuerung und spirituelles Erwachen - andererseits die negativen - Dunkelheit, Gefahr, die ungezähmte Wildnis und Dinge, die verboten sind. Bäume können Symbole der gesamten Welt sein, da sie mit ihren Wurzeln tief in die Unterwelt reichen und ihre Äste das Himmelsgewölbe stützen. In der heidnischen Lehre kann der Wald zwei Aspekte verkörpern: den einer Gottheit geweihten Hain, wo die Fülle der Natur zelebriert wird, und die dunkle, düstere Stätte von Opferungen und Blutopfern.

Wir brauchen uns nicht wesentlich weiter als bis zum Tannenbaum umzuschauen, den Menschen in vielen Ländern in ihre Wohnungen holen, um das Weihnachtsfest zu feiern. Auch wenn er künstlich sein mag und mit schrillem Lametta, Lichtern und Christbaumkugeln bedeckt ist, besitzt er eine lange Tradition, reicht der Weihnachtsbaum doch zurück bis auf die Julfeste der alten Kelten, Nordmänner, Slawen und Germanen, die am kürzesten Tag des Jahres Äste immergrüner Bäume oder Mistelzweige nach Hause brachten, um dem Glauben und der Hoffnung Ausdruck zu verleihen, dass das alte Jahr geendet hatte und die neue Frühjahrssonne Wiedergeburt und Erneuerung hervorbringen würde.

Die Verheißung des Pfirsichbaums gemäß chinesischer Lehre ist ewige Jugend und Unsterblichkeit, während Kiefer und Pflaumenbaum für hohes Alter und Langlebigkeit stehen. In der Gründungsgeschichte des Buddhismus erreichte Siddharta Gautama vollständiges Erwachen (*Bodhi*), als er drei Tage und Nächte lang meditierend unter einem Feigenbaum saß, der im Moment seiner spirituellen Erleuchtung zu blühen begann. Bäume können Früchte tragen, die physisch wie spirituell reichhaltig und nahrhaft sind, jedoch auch verboten, gefährlich und sogar tödlich sein können. Die Frucht am Baum des Lebens oder Baum der Erkenntnis im Garten Eden, die in den Heiligen Schriften des Judentums, Christentums und Islams erwähnt wird, symbolisiert die Freiheit des Menschen, den Geboten Gottes gegenüber Gehorsam oder Ungehorsam zu leisten.

Bäume können auch den ganzen Kosmos darstellen. In der heidnischen nordischen Mythologie ist der Weltenbaum Yggdrasil eine riesige Esche, die die neun Ebenen des Lebens miteinander verbindet und unter deren Blätterdach die Asen Gericht halten. Ähnliche allumfassende Weltenbäume sind auch aus so unterschiedlichen frühzeitlichen Kulturen wie denen des Iran, Indiens und der präkolumbianischen Nord- und Südamerikas bekannt.

Vier Darstellungen heiliger Bäume, die von der kulturellen Allgegenwärtigkeit des Baums als okkultes Symbol zeugen.

BODHI-BAUM,
BUDDHISTISCH

YGGDRASIL, NORDISCH

BAUM DES LEBENS,
ASSYRISCH

BAUM DES LEBENS,
CHRISTLICH

SAMHAIN
JUL
IMBOLC
OSTARA
BELTANE
LITHA
LAMMAS
MABON

DAS RAD DER JAHRESZEITEN

Die Anhänger verschiedener Traditionen des Neuheidentums, Neodruidentums, Rodismus und Wiccatums haben liturgische Kalender geschaffen, die als „Räder der Jahreszeiten" oder „Jahresräder" bekannt sind und das Jahr in Feste der alten heidnischen Kelten, Germanen und Slawen unterteilen. Die acht Speichen des Rads machen die Sonnenwenden und Tagundnachtgleichen sowie vier weitere Feste kenntlich, die im vorchristlichen Europa gefeiert wurden.

Es gibt nur wenige Hinweise darauf, dass die alten europäischen Kelten, Germanen oder Slawen einen liturgischen Kalender befolgten, der so komplex war wie das Rad der Jahreszeiten. Die Kennzeichnung der Äquinoktien und der Sonnenwenden wäre für ritualkundige Personen interessant gewesen, jedoch nicht für Bauern, die die ideale Zeit für die Frühlingsaussaat, die Kalbung und das Ablammen durch die Beobachtung der natürlichen Phänomene bestimmten. Die Schaffung eines Rads deutet auf eine anhaltende Umwandlung des Neuheidentums, Neodruidentums, Rodismus und Wiccatums von Magie praktizierenden privaten Zirkeln hin zu öffentlichen Ritualen größerer Glaubensgemeinschaften.

Die Symbole auf dem gegenüber abgebildeten Rad entsprechen den jährlichen Feiern der Kelten mit Hinzufügungen von vier weiteren Viertel- und Kreuz-Viertel-Tage genannten Festen.

JUL

Jul markiert den kürzesten Tag des Jahres, die Wintersonnenwende. Die Wiederkehr der Sonne in der folgenden Morgendämmerung symbolisierte den Jahreswechsel und kündigte das Wiedererwachen des Lebens an.

IMBOLC

Imbolc fällt auf den ersten Februar und kennzeichnet den Frühlingsanfang. Eine Zeit der Reinigung, die der keltischen Göttin Brigid geweiht ist.

OSTARA

Ostara steht für die Frühlingstagundnachtgleiche, wenn Tage und Nächte wieder gleich lang werden, ein Vorzeichen der kommenden warmen, fruchtbaren Tage.

BELTANE

Beltane, der Maifeiertag, ist traditionell der erste Sommertag im keltischen Jahr. Es ist eine Zeit, wenn die Fruchtbarkeit am höchsten ist.

LITHA

Litha markiert die Sommersonnenwende und verkündet den Wechsel des Jahres.

LAMMAS

Lammas, die Augustnacht, ist ein spezielles Wicca-Fest, das den Beginn der Erntezeit durch den symbolischen Verzehr eines aus Brot gefertigten Abbilds des keltischen Gottes Lugh ankündigt.

MABON

Mabon kennzeichnet die Herbsttagundnachtgleiche, wenn Tage und Nächte wieder gleich lang sind, das Jahr jedoch abnimmt. Es ist das Erntedankfest, an dem für die Gaben der Erde gedankt wird.

SAMHAIN

An Samhain, Halloween oder Allerheiligen wird der verstorbenen Vorfahren, Familienmitglieder und geliebten Menschen gedacht.

DAS OGHAM-BAUMALAPHABET

Die Kelten besiedelten während der Bronze- und Eisenzeit Europa, bis sie durch aufeinanderfolgende Wellen von Invasoren verdrängt wurden. Ihre Religion war eine Form des Schamanismus, der als Druidentum bekannt ist, dessen Glaubensinhalte sich um die Regenerationskraft der Natur und Baumkunde drehten. Die Druiden errichteten weder Holz- noch Steinschreine, sondern wählten Heilige Haine, um ihre Rituale durchzuführen. Da sich die Kelten auf den Britischen Inseln wachsendem Druck ausgesetzt sahen, bewahrten sie ihre traditionelle Lehre und ihr geheimes Wissen, indem sie ein heiliges Alphabet namens Ogham schufen. Sie ritzten Ogham-Inschriften in aufrechte Steine und Holzstäbchen, wobei sie Letztere für Weissagungen benutzten.

Die Kelten beherrschten die Britischen Inseln bis zur Eroberung durch die Römer im ersten Jahrhundert n. Chr. Obwohl die Römer die Kelten nicht verdrängten, unterdrückten sie das Druidentum, das sie als einen Schwerpunkt des Widerstands gegen ihre Herrschaft betrachteten. Nachdem die Römer Britannien verlassen hatten, wurden die Kelten durch fortlaufende Einfälle von Invasoren zurückgedrängt, zunächst durch die Angelsachsen und Wikinger und schließlich im elften Jahrhundert durch die Normannen. Obgleich sich die Kelten schrittweise an die Ränder des britischen Festlands zurückziehen mussten – Wales, Cornwall und Schottland – blieben sie noch mehrere Jahrhunderte hindurch in Irland vorherrschend, allerdings kam es auch hier nach der Konvertierung der Insel zum Christentum zur Verfolgung des Druidentums.

Aus Sorge um den Fortbestand ihrer Traditionen und geheimen Lehre entwickelten die Kelten das Ogham-Baumalphabet. Der Großteil der erhaltenen Ogham-Inschriften in Irland und Wales datiert zurück ins vierte und sechste Jahrhundert. Auch wenn das Wissen um Ogham niemals verloren ging, kam es außer Gebrauch bis zum Wiederaufleben des Druidentums in England im neunzehnten Jahrhundert.

Wir wissen durch römische und christliche Berichte über druidische Rituale, dass Baumkunde eine zentrale Rolle in der keltischen Religion spielte. Plinius der Ältere (um 23–79 n. Chr.) beschreibt, wie die Druiden Misteln von heiligen Eichenbäumen schnitten, weil sie glaubten, die Pflanze verleihe Fruchtbarkeit. Die Druiden hielten die anderen heimischen Bäume und Pflanzen der Britischen Inseln wie die Eiche für heilig und schrieben ihnen Zauberkräfte zu.

Die sieben gegenüber abgebildeten Symbole stellen sowohl Bäume als auch Buchstaben des Ogham-Alphabets dar, die in Stäbchen für die Weissagung eingeritzt wurden. Die Legenden führen jeden Baum in deutscher Übersetzung an, es folgen sein Ogham-Name, darauf der entsprechende Buchstabe im Alphabet, der Wochentag und die Bedeutung.

BIRKE

Beith, B, Sonntag, Neuanfänge.
Die Birke ist ein Symbol der Wiedergeburt und Reinigung.

WEIDE

Saille, S, Montag, Einfühlungsvermögen.
Ein Weide-Symbol bietet Schutz vor Betrügereien.

STECHPALME

Tinne, T, Dienstag, Schutz und Familie.
Dem keltischen Gott des Donners Taranis geweiht.

HASELNUSSSTRAUCH

Coll, C, Mittwoch, Weisheit und Gerechtigkeit.
Dieses Symbol hilft bei finanziellen und amtlichen Angelegenheiten.

EICHE

Duir, D, Donnerstag, Kraft und Macht.
Der Jahreskönig zwischen Winter- und Sommersonnenwende.

APFELBAUM

Quert, Q, Freitag, Fruchtbarkeit und Unsterblichkeit. Der Apfel galt als Symbol der Liebe, des Geschlechtsverkehrs und der Fruchtbarkeit.

ERLE

Fearn, F, Samstag, Fundament und Sicherheit.
Der Baum wurde für die Errichtung von Brücken und Häusern über Gewässern benutzt.

INDIANISCHES MEDIZINRAD

Ein Medizinrad kann für die amerikanischen Ureinwohner sowohl eine metaphorische Darstellung heiliger kosmologischer Konzepte bedeuten als auch deren Verkörperung in physikalischen Steinmonumenten für religiöse Rituale. Bei den nomadischen Prärieindianerstämmen konnten sie einfache, zeitweise Anordnungen kleiner Steine sein oder große, dauerhafte zeremonielle Strukturen, die im Gegensatz zu den megalithischen Monumenten in Europa auf die Kardinalrichtungen oder astrologische Phänomene (Aufgangs- und Untergangspunkte von Sonne, Mond und Sternen) ausgerichtet waren. Das Medizinrad ist unterteilt in ein äußeres Rad der vier Winde und ein inneres der zwölf Tiersymbole.

Das Medizinrad der Neuen Welt verdankt seinen Namen seiner kreisrunden Form mit einer äußeren Felge und Speichen, die von einer Nabe im Zentrum strahlenförmig ausgehen, was an die Form westlicher astronomischer Diagramme oder traditionelle Abbildungen des chinesischen Tierkreises erinnert. Sein Durchmesser kann zwischen einigen Metern bis zu 25 Metern betragen. Obwohl das Medizinrad Eigenschaften der kosmologischen Geburtshoroskopie der Alten Welt aufweist, ist es doch in seiner Konzeption und Anwendung vollkommen einzigartig. Das Medizinrad stellt als ein metaphorisches Gebilde den endlosen Kreislauf der Natur und „heiligen Ring" dar, der die Generationen miteinander in einer harmonischen Gemeinschaft verbindet.

Es diente in seiner physikalischen Gestalt als heiliger Raum für die Durchführung von Ritualtänzen und anderen Zeremonien und als Kalender kennzeichnete es die Sonnenwenden sowie den Auf- und Untergang von Himmelskörpern, was sowohl rituellen als auch praktischen Nutzen hatte, etwa um die Zeit zu messen und den Übergang der Jahreszeiten zu markieren.

Es gibt nicht die eine Standardausführung des Medizinrads und das hier abgebildete ist eine Synthese aus den vielen indigenen Traditionen, die bis auf den heutigen Tag überliefert worden sind. Auf dem äußeren Rad ist die Tiersymbolik auf die Kardinalrichtungen ausgerichtet und korrespondiert mit den Jahreszeiten: Osten/Frühling wird durch den Adler symbolisiert; Süden/Sommer durch den Büffel; Westen/Herbst durch den Bären; Norden/Winter durch den Wolf. Das innere Rad ist mit zwölf in Dreiergruppen unterteilten Totemtieren besetzt, die wie die Sternzeichen der westlichen Astrologie oder die Tiere des chinesischen Tierkreises die Funktion haben, das persönliche Totem eines Menschen zu bezeichnen. Der Charakter eines Menschen lässt sich aus der Deutung der Beziehung zwischen einem persönlichen Totem und seinem es beherrschenden Wind bestimmen.

Die vier äußeren Tiere oder „Winde" symbolisieren die Kardinalrichtungen und Jahreszeiten, die zwölf inneren Tiere die persönlichen Totems.

VIER WINDE & ZWÖLF TOTEMS

Die vier Winde herrschen über die vier Dreiergruppen, die den zwölf Monaten von Frühjahr, Sommer, Herbst und Winter entsprechen. Die Beziehung zwischen Wind, Saisonalität und der natürlichen Welt lässt sich an der Auswahl der vier herrschenden Winde und zwölf Totemtiere erkennen. Der Schmetterling und die Schlange beispielsweise symbolisieren verschiedene Aspekte der Verwandlung; der Hase steht für Fruchtbarkeit und der Rabe für die positiven und negativen Aspekte der Magie.

DIE VIER HERRSCHERTIERE

OSTEN, ADLER, FRÜHJAHR

Der Adler wird verbunden mit Neuanfängen und neuen Einstellungen zum Leben.

SÜDEN, BÜFFEL, SOMMER

Der Büffel wird verknüpft mit Stärke, Großzügigkeit, Fleiß und Beharrlichkeit.

WESTEN, BÄR, HERBST

Der Bär steht für Unabhängigkeit, Selbstgenügsamkeit und sorgfältige Planung.

NORDEN, WOLF, WINTER

Der Wolf wird assoziiert mit Rückzug, Ruhe, Erholung und Erneuerung.

DIE ZWÖLF TOTEMS

Osten

FALKE

Ehrgeiz

BIBER

Beharrlichkeit

HIRSCH

Einfühlungsvermögen

Süden

SCHMETTERLING

Metamorphose

LACHS

Beständigkeit

HASE

Anpassungsfähigkeit

Westen

RABE

Schöpfung

FROSCH

Fruchtbarkeit

SCHILDKRÖTE

Geduld

Norden

SCHNEEGANS

Träume

EULE

Schutz

SCHLANGE

Verwandlung

TRAUMZEIT DER AUSTRALISCHEN ABORIGINES

Obwohl der Begriff „Traumzeit" („Träumen") eine Schöpfung europäischer Anthropologen ist, wird er weithin in der Populärkultur benutzt, um die kosmologischen Konzepte der australischen Völker der Aborigines zu beschreiben, die Mythologie, übernatürliche Wesen, totemische Vorfahren, Bräuche, Rituale, Geschichte und Vorstellungen von Zugehörigkeit und Identität mit der physikalischen Geografie des riesigen australischen Kontinents verschmelzen. Traumzeit fungiert im Wesentlichen als historisches Dokument und Karte der physikalischen Welt, auf der die Wahrzeichen sowie die Flora und Fauna einer bestimmten Region verzeichnet werden. Im Englischen sind auch noch einige weitere Begriffe geprägt worden, um die äußerst facettenreiche Kosmologie auszudrücken, beispielsweise „Everywhen" (das „Allzeitige"), „World dawn" („Welterwachen") und „Ancestral present" („Allpräsenz der Vorfahren").

Menschen erschlossen den australischen Kontinent vor rund 50.000 bis 60.000 Jahren. Die Ankunft der ersten Europäer im siebzehnten Jahrhundert und ihre dauerhafte Ansiedlung beendeten die Entwicklung der australischen Völker der Aborigines, die bis dahin in vollständiger Abgeschiedenheit vom Rest der Welt gelebt hatten, was ihnen die Schaffung einer einzigartigen Weltsicht von solcher Mannigfaltigkeit und Komplexität ermöglichte, die sich nur unzureichend erfassen lässt durch die vagen, nebulösen Begriffe „Träumen" oder „Traumzeit", die europäische Autoren verwenden.

Einer der englischen Versuche, die Weltsicht der Aborigines durch den Begriff „Everywhen" wiederzugeben, der die Idee von Raum und Zeit vermittelt, erinnert jedoch eher an fortgeschrittene Theoretische Physik als an Mythologie oder Geschichte. Traumzeit ist ein zeitloser Akt der Schöpfung, der wiederholt wird, wenn man das Land durchquert und dabei die „Traumpfade" oder Songlines benutzt und kennzeichnet, die ursprünglich von übernatürlichen Wesen bereist und gesungen wurden, als sie die Welt ins Leben riefen. Songlines erklären die Herkunft der Menschen, ihre Beziehung zum Land und zu ihren heiligen Stätten und wie sie mit einem bestimmten Tier- oder Pflanzentotem verbunden wurden, auf das sie ihre Ursprünge zurückführen.

Obwohl sie „Weissagungssteine" genannt werden, lassen sich die gegenüber abgebildeten Symbole nicht anwenden, um die Zukunft im Allzeitigen vorherzusagen, in dem Vergangenes, Gegenwärtiges und Zukünftiges zugleich nebeneinander bestehen und Wann und Woher nicht unterschieden werden können. Statt den zukünftigen Ablauf von Ereignissen vorauszusagen, offenbaren die Steine vielmehr die inneren Eingebungen, die es einem Menschen ermöglichen, sie zu gestalten. Die Steine kombinieren Paare übernatürlicher Wesen, totemischer Vorfahren und natürlicher Phänomene miteinander, die zwei Aspekte eines einzigen Prinzips verkörpern, denen die Eigenschaften „sonnig" und „schattig" zugewiesen werden, jedoch ohne die westlichen Konnotationen von gut und böse, die sie andeuten könnten. Ein Stein für den Allvater, den gestaltlosen Schöpfergott, bleibt frei.

Die Erdschwestern begegnen der Regenbogenschlange, die sie verschlingen wird.

WEISSAGUNGSSTEINE

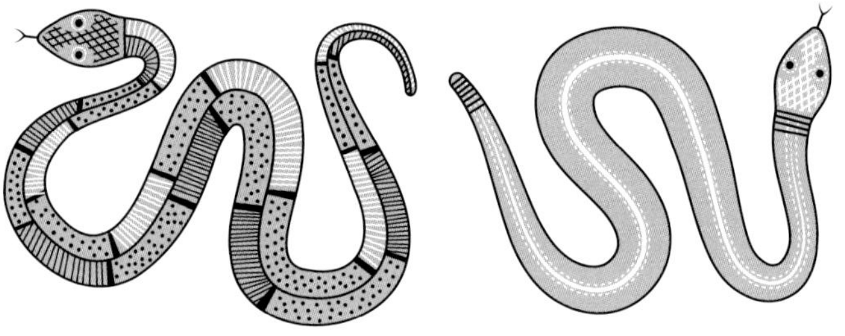

DIE REGENBOGENSCHLANGE UND DER SCHWARZKÖPFIGE PYTHON

Die Regenbogenschlange wird mit Wasser assoziiert und soll Wasserlöcher geschaffen haben. Sie wird zum Schwarzköpfigen Python, als sie vom Sturmvogel aus dem Feuer gerettet wird, das ihren Kopf versengt.

DAS HASENWALLABY UND DIE ECHSENFRAU

Das Hasenwallaby und die Echsenfrau verkörpern verschiedene Aspekte der menschlichen Liebe, Ersteres die unschuldige Liebe der Kindheit, Letztere die Liebe, die Opfer erbringt.

DER DINGO UND DER SCHWARZE HUND

Der Dingo soll den Völkern der Aborigines Gesetz und Sitte gebracht haben, während sein Gegenüber, der Schwarze Hund, Handlungen außerhalb von Gesetz und Sitte symbolisiert.

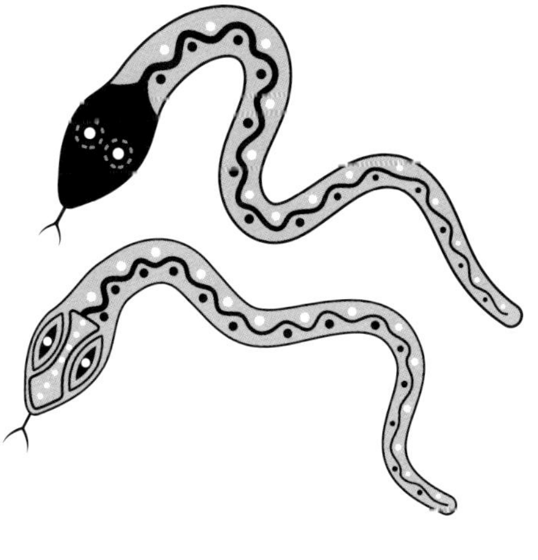

DER TEPPICHPYTHON UND DIE GIFTSCHLANGE

Der Teppichpython wird genauso wie die Giftschlange mit der Erschaffung des weltweit größten freistehenden Felsen, des Uluru, verknüpft. Beide personifizieren verschiedene Arten von Altruismus.

DER SCHWARZKEHL-METZGERVOGEL UND DER STURMVOGEL

Der Metzgervogel schützte das Geheimwissen Allvaters vor der Regenbogenschlange, während der Sturmvogel sie aus den Flammen rettete, in die sie geworfen worden war.

DIE BLITZBRÜDER UND DIE ERDSCHWESTERN

Die Blitzbrüder sollen um eine ihrer Frauen gekämpft und dabei Sturm und Regen verursacht haben, wohingegen die Erdschwestern von der Regenbogenschlange verschlungen wurden, die anschließend mit ihren Stimmen redete.

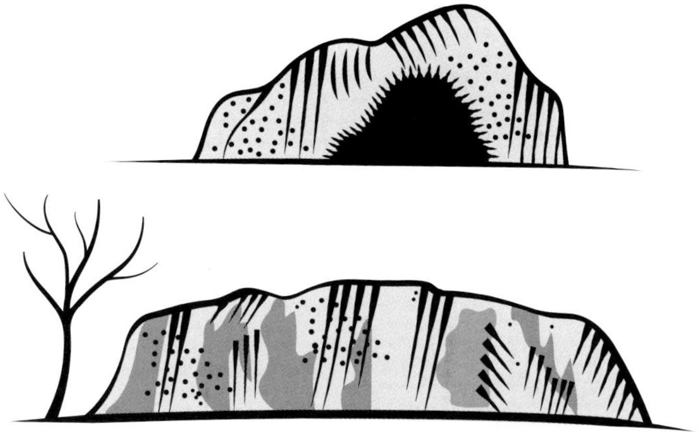

DER HEILIGE FELSEN UND DIE HÖHLE

Der Heilige Felsen steht für die höheren Sphären des Geists und die Himmelshelden, während die Höhle den Schoß von Mutter Erde und die Bereiche des Unterbewussten und der Träume darstellt.

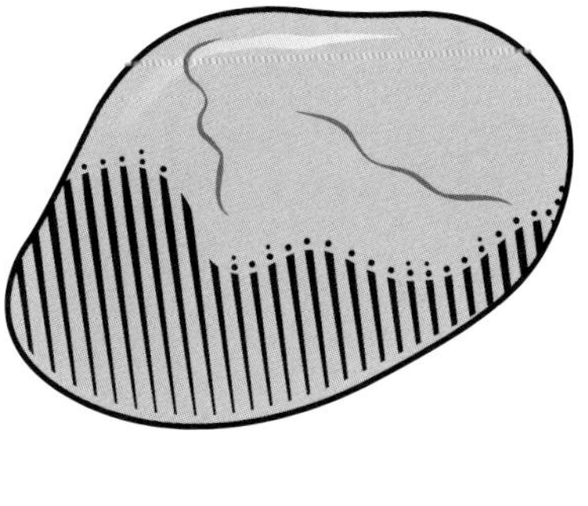

DER REGEN UND DIE WOLKE

Der Regen und die Wolke symbolisieren zwei Aspekte des Schöpfungsphänomens, wenn sich das Männliche und das Weibliche vereinigen.

DER ALLVATER

Der Stein, der die Schöpferkraft kennzeichnet, wird nicht ausgeführt, weil der Allvater reiner Geist ist und keine physische Gestalt besitzt.

POLYNESISCHE SYMBOLE

Ein winziger Bruchteil der Weltpopulation bewohnt die eintausend Inseln von Polynesien, die allerdings ein riesiges Gebiet der Erdoberfläche umfassen, das einen Großteil des Südpazifiks bedeckt. Das „Polynesische Dreieck" hat Hawaii als seine Spitze, seine unteren Eckpunkte werden links von Aotearoa/Neuseeland und rechts von Rapa Nui/Osterinsel gebildet. Obwohl sie durch tausende von Seemeilen getrennt sind, bewahren diese weit verstreuten Inselgemeinschaften viele soziale, kulturelle, sprachliche und religiöse Ähnlichkeiten, die sich in einer gemeinsamen Ikonografie widerspiegelt, welche zur Schaffung von Schmuck, Steingravuren, Holzschnitzereien, Stoffmustern und Tattoomotiven verwendet wird.

Die Vorfahren der Einwohner Polynesiens begannen vor rund 4.000 Jahre ihre Heimat auf der Insel Taiwan in aufeinanderfolgenden Abwanderungswellen zu verlassen, die sich über die nächsten vier Jahrtausende hinzogen. Anstatt sich auf den größeren Inseln und Landmassen niederzulassen, auf die sie stießen, drängten sie voran, um die unzähligen pazifischen Inselgruppen zu entdecken. Letztendlich besiedelten sie die größeren Inseln von Neuseeland/Aotearoa und sollen auch die westlichen Küsten von Südamerika erreicht haben, obgleich diese Wiederverbindung mit ihren entfernten asiatischen Cousins, die mindestens 15.000 Jahre früher nach Nord- und Südamerika gelangt waren, zu keinem bleibenden kulturellen Austausch führte.

Diese Meeresnomaden, deren Reiselust sie veranlasste, so weit voneinander entfernte Inseln im Polynesischen Dreieck wie Rapa Nui, Aotearoa, Hawaii und Tahiti zu bevölkern, fuhren in kleinen Segelbooten mit Auslegern für Geschwindigkeit und Stabilität, ohne über den Vorteil von Navigationshilfen und großen Schiffen der späteren europäischen Entdecker zu verfügen. Die Polynesier mussten einen vorbehaltlosen Glauben in ihre Götter und ihre eigenen Fähigkeiten als Seefahrer besessen haben, der ihnen ermöglichte, neue Landmassen zu erreichen, wo sie sich ansiedeln konnten und Frischwasser sowie Möglichkeiten vorfanden, um ihre Vorräte wieder aufzufüllen.

Die Polynesier, die die Seewinde, Meeresströmungen und Sternennavigation beherrschten, waren von Meerestieren wie Schildkröte, Stachelrochen oder Hai abhängig, die später als stilisierte Motive in Holz geschnitzt oder Stein graviert wurden und auf Stoffen sowie ihren eigenen Körpern als Tattoos aufgetragen wurden, um als Talismane Schutz zu gewähren oder den sozialen Status zu kennzeichnen. Neben diesen Symbolen gibt es auch solche, die wie die Gemeinschaft und die Pflanzenwelt mit der Erde verbunden sind, darüber hinaus Symbole des Meeres, das sie für ihre ursprüngliche Heimat hielten, und der jenseitigen Welt, in die sie nach dem Tod zurückkehren würden.

MANAIA (MYTHISCHES WESEN)

Bote aus der geistigen Welt der Seelen und Wächter gegen das Böse.
Das Symbol besteht aus einem Vogelkopf, Fischschwanz und Menschenkörper.

HAMMERHAI

Stärke und Kampfgeist.
Die Maori halten Haie für Schutzgeister.

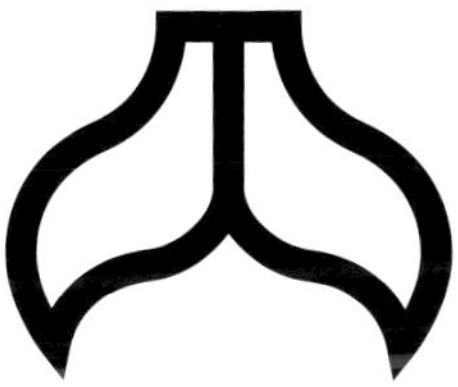

WALFLOSSE

Schutz für diejenigen, die auf dem Meer unterwegs sind.
Wale sind heilige Beschützer der Maori.

FARNWEDEL

Leben, Wachstum und Friede werden durch den sich entrollenden Wedel des in Neuseeland beheimateten Silberfarns symbolisiert.

ANGELHAKEN

Stärke, Entschlossenheit, Gesundheit.
Der Angelhaken steht für die Fülle des Meeres und Wohlstand.

TWIST PIKORUA

Freundschaft und Liebe.
Symbol der ewigen Vereinigung zweier Menschen oder Kulturen.

FOETUS

Glück und Fruchtbarkeit.
Eine Darstellung des ungeborenen Fötus und ersten Menschen.

STACHELROCHEN

Schutz, Wendigkeit, Geschwindigkeit.
Der Stachelrochen kann sich unter dem Sand vor Haien verbergen.

SCHILDKRÖTE

Gesundheit, Fruchtbarkeit, Langlebigkeit.
Die Meeresschildkröte symbolisiert Fortbewegung auf dem Meer und Navigation.

EIDECHSE

Glück oder Unglück, Vorzeichen.
Eidechsen gelten als Erscheinungsform von Göttern und auch Geistern.

ENATA (MENSCHLICHE GESTALT)

Menschlichkeit, Beziehungen, besiegte Feinde.
Symbolisiert Männer, Frauen und manchmal auch Götter.

ENATA (WIEDERHOLUNGSMUSTER)

Himmel, wachsame Ahnen.
Stellt die Vorfahren dar, die ihre Nachkommen beschützen.

MEER

Tod und Jenseits.
Der Ort, an dem sich Menschen auf ihre letzte Reise begeben.

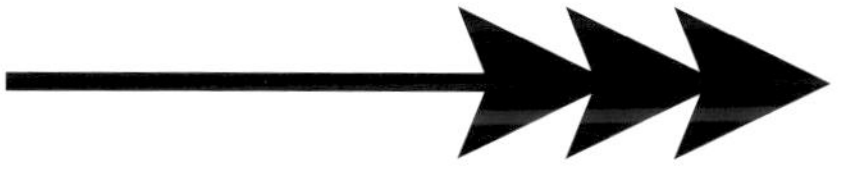

HAIFISCHZÄHNE

Schutz, Führung und Stärke.
Symbole, die für Schutz, Wildheit und Anpassungsfähigkeit stehen.

SPEERSPITZE

Kriegerischer Geist und Gefahr von Tieren.
Sinnbild für den Mut des Kriegers und die Stacheln von Tieren.

INDISCHE SUBTILE ANATOMIE

Indische und westliche astrologische Traditionen haben beide ihren Ursprung in der griechisch-babylonischen Astrologie, die im vierten Jahrhundert v. Chr. mit den griechischen Eroberern auf den indischen Subkontinent gelangte. In den Bereichen Kosmologie, Religion, Medizin und menschliche Anatomie hingegen übernahmen die indischen Untertanen Alexanders des Großen und seiner Nachfolger keine griechischen Methoden, sondern entwickelten eine einzigartige Sammlung aus Beobachtungen, Vorstellungen und Praktiken, die in den Heiligen Schriften und Epen des Hinduismus, den spirituellen Disziplinen des Raja Yoga und der traditionellen indischen Medizin Ayurveda überliefert sind. Zentrale Bedeutung für die Praktiken von Yoga und Ayurveda kommt den Konzepten der subtilen Anatomie zu, dem *Prana* und den *Chakren*.

In der indischen Tradition ist die unsterbliche Seele, der *Atman*, in drei Körpern enthalten: einem sterblichen Körper aus Fleisch, Knochen und Blut, dem *Shtula Sharira*, und zwei unsterblichen Körpern, dem subtilen oder Astralkörper (*Sukshma Sharira*) und dem Kausalkörper, dem *Karana Sharira*. Die Befolgung der acht Glieder oder Stufen des Yoga, darunter Pranayama (Atemtechniken) und Hatha Yoga (Yoga der Stellungen), ermöglicht Praktizierenden, ihren sterblichen und unsterblichen Körper zu trainieren, um *Moksha* zu erreichen – die Befreiung aus dem Kreislauf von Geburt, Tod und Wiedergeburt – und *Samadhi* zu erlangen, die Vereinigung mit dem transzendenten Hauptgott, der als Brahman bekannt ist. Der Sukshma Sharira soll aus den sieben Energiezentren bestehen, den *Chakren*, die mit einem Hauptkanal verbunden sind, dem *Sushumna-Nadi*, durch den die Lebenskraft *Prana* fließt, von der man annimmt, dass sie den Körper anregt und den Atman nährt. Der Hauptnadi ist auch die Leitbahn für die als *Kundalini* bezeichnete spirituelle Energie, die während tantrischer Praktiken freigesetzt wird. Zwei Nadis, die um den Sushumna ineinander verschlungen sind, *Ida* und *Pingala*, transportieren Prana von den Nasenlöchern durch den sterblichen Shtula Sharira.

Die Chakren (wörtlich „Räder") sind entlang der Sushumna-Nadi an zentralen Punkten lokalisiert, wo er sich mit dem Netzwerk der kleineren Nadis verbindet, die Prana zu den Vitalorganen und Gliedern leiten. Jedem Chakra wird eine bestimmte Farbe, ein besonderes Muster, Element und Mantra (Klang, Ton) zugeordnet. Während Praktiken wie Pranayama, Hatha Yoga, Meditation, Visualisierung und Gesang wird Prana zu den Chakren gelenkt. Die kleineren Chakren treten in Verbindung mit der physischen Ebene des Seins, während die Hauptchakren Standorte zu höheren Bewusstseinszuständen bilden, die im höchsten Chakra kulminieren, dem *Sahasrara* – der menschlichen Einheit mit Brahman – das sich zugleich innerhalb und außerhalb des Sukshma Sharira befindet.

Der subtile Körper (Sukshma Sharira), der aus Nadis und Chakren besteht, überlagert in dieser Darstellung den sterblichen Körper aus Fleisch und Knochen (Shtula Sharira).

MULADHARA-CHAKRA
WURZEL

Farbe: Rot; Element: Erde; Mantra: *Lam*; Blüten: vier

Muldahara befindet sich an der Basis der Wirbelsäule und ist unsere Verbindung zur Erde. Es lenkt den physischen Körper und bildet den Ausgangspunkt der Kundalini-Energie. Den vier roten Blüten sind die vier *Vrittis* (Bewegungen des Geistes) in goldenen Buchstaben einbeschrieben.

SWADHISTHANA-CHAKRA
BECKEN

Farbe: Orange; Element: Wasser; Mantra: *Vam*; Blüten: sechs

Das im Bereich der Geschlechtsorgane angesiedelte Swadhisthana reguliert Sinnlichkeit und Kreativität. Es wird verknüpft mit den Körperflüssigkeiten einschließlich Blut, Urin und Sexualsekreten. Der sechsblättrige Lotus enthält einen weißen Halbmond und wird mit Varuna assoziiert. Über dem Mantra ist der Bindu (Punkt) des Gottes Vishnu abgebildet.

MANIPURA-CHAKRA
SOLARPLEXUS

Farbe: Gelb; Element: Feuer; Mantra: *Ram*; Blüten: zehn

Das im Solarplexus (Sonnengeflecht) gelegene Manipura ist der Sitz unserer emotionalen Natur. Es steuert das Hormon- und Nervensystem des Körpers. Das im gelben Kreis nach unten gerichtete Dreieck symbolisiert das Element Feuer. Oft werden die Blüten in Blau dargestellt, um an dunkle Wolken am Himmel zu erinnern.

ANAHATA-CHAKRA
HERZ

Farbe: Grün; Element: Luft; Mantra: *Yam*; Blüten: zwölf

Das am Herz platzierte Anahata ist das Chakra der Liebe, das Beziehungen und Reize kontrolliert. Es ist Mittler zwischen den irdischen und spirituellen Chakren. Die zwei übereinandergelegten Dreiecke, im Westen als Davidstern bekannt, heißen im Hinduismus *Shatkona*. Es symbolisiert die Gottheiten Shiva und Shakti.

VISHUDDHA-CHAKRA HALS

Farbe: Blau; Element: Klang; Mantra: *Ham*; Blüten: sechzehn

Am Hals lokalisiert, werden Vishuddha Urteil und Kommunikation zugeordnet. Es steuert alle anatomischen Strukturen rund um den Hals einschließlich Stimmbändern und Schilddrüse. Das nach unten gerichtete Dreieck enthält im Inneren einen Vollmond. Der Bindu über dem Mantra steht für den Gott Sadashiva.

AJNA-CHAKRA DRITTES AUGE

Farbe: Indigo; Element: Licht; Mantra: *Om*; Blüten: zwei

Mitten auf der Stirn gelegen, ist Ajna der Sitz der Intuition, Inspiration, Hellseherei und Weisheit. Es wird mit der Hypophyse und Epiphyse verbunden. Die zwei Blüten des Ajna-Chakras stellen die beiden Nadis *Ida* und *Pingala* dar, wobei die linke Blüte Shiva symbolisiert, die rechte Shakti.

SAHASRARA-CHAKRA KRONE

Farbe: Weiß; Element: Gedanke; Blüten: unendlich

Das direkt über der Krone oder dem Scheitel des Kopfes angesiedelte Sahasrara ist das Chakra der göttlichen Bestimmung und der Verbindung zu Gott. Es wird ebenfalls mit der Hypophyse und Epiphyse verknüpft. Es soll aus einer unendlichen Anzahl von Blüten zusammengesetzt sein, die aus allen Farben bestehen und gleichzeitig farblos sind, und symbolisiert die transzendente Vereinigung mit dem Göttlichen.

VOODOO VEVE

Zwischen dem sechzehnten und neunzehnten Jahrhundert wurden Millionen von afrikanischen Sklaven gewaltsam in die Neue Welt verfrachtet, um die einheimischen karibischen Arbeitskräfte anfangs zu ergänzen und später zu ersetzen. Infolge von Kriegen, Misshandlungen und europäischen Krankheiten kam es zu einer erheblichen Dezimierung der versklavten Afrikaner. Sie brachten ihre eigenen Götter, Mythen und magischen Rituale mit, die sie im Laufe der Zeit mit Gestalten aus dem einheimischen karibischen Glauben und Katholizismus verbanden, um eine synkretistische Religion zu schaffen, die die Menschen auf Haiti als „Den Göttern dienen" bezeichnen und im Westen bekannter als „Voodoo" ist.

Die Ursprünge des haitianischen Voodoo lassen sich zu den Religionen und magischen Praktiken verschiedener afrikanischer Völker zurückverfolgen, darunter die Yoruba aus Nigeria, die Fon aus Benin und die Kongo aus Zaire (heutige Demokratische Republik Kongo). Nachdem sie auf die Westindischen Inseln transportiert worden waren, um auf den Zuckerrohrplantagen zu arbeiten, wurde ihnen nicht nur verboten, ihre eigenen Sprachen zu benutzen oder ihre Religionen zu praktizieren, sondern sie wurden auch gezwungen, zum Christentum überzutreten, mit dem Ziel, sie zu unterwerfen und sie davon abzuhalten, sich zu vereinen und sich gegen ihre weißen Unterdrücker zu wenden.

Trotz all dieser Repressalien erhoben sich die Sklaven auf der spanischen Insel Hispaniola (heutige Staaten Haiti und Dominikanische Republik) und siegten in einem hart umkämpften Unabhängigkeitskrieg, was die Entstehung der ersten afrokaribischen Republik in der Neuen Welt ermöglichte. Der entsetzliche Gedanke, dass dies zu weiteren Rebellionen führen könnte, veranlasste die Sklavenhalter, ihr Bestes zu geben, um die haitianische Republik und ihre Volksreligion, den Voodoo, durch sensationelle Berichte über Besessenheit von Dämonen, Zauberei und Zombies zu dämonisieren – Stereotypen, die sich vor allem dank der fieberhaften Fantasien Hollywoods erhalten haben.

Der Schöpfergott im Voodoo-Pantheon, Bondye (französisch *Bon Dieu* für „guter Gott"), ist selbst nicht direkt in menschlichen Angelegenheiten involviert. Die Verbindungen zwischen dem menschlichen und göttlichen Reich werden von den *Loas* oder *Lwas* vermittelt, übernatürlichen Wesen, deren Ursprünge man in den *Vodun* oder Schutzgeistern Westafrikas vermutete. Einige *Loas* werden mit den *Orishas* (lenkender Geist) der Yoruba-Religion assoziiert und andere mit katholischen Heiligen. In Voodoo-Ritualen werden stilisierte Diagramme, die die verschiedenen angerufenen Loas symbolisieren, mit Mehl, Eierschalen oder Kreide auf dem Boden markiert. Sie fungieren für die Loas als Kanäle, um sich selbst zu manifestieren und die Gaben sowie Gebete der Anbeter entgegenzunehmen. Die Loas können wie die Orishas „reiten", das heißt, Besitz von ihren Anhängern, Priestern oder Priesterinnen ergreifen, damit sie Gesänge, Tänze und Handlungen durchführen, die mit ihnen verbunden sind.

PAPA LEGBA

Loa der Wegkreuzungen und Mittler zwischen dem menschlichen und göttlichen Reich. Sein Veve symbolisiert die Wegkreuzungen und den Spazierstock eines alten Mannes.

AGWÉ

Herrscher des Meeres, Windes und Donners, der mit dem heiligen Ulrich assoziiert wird. Sein Veve ist ein Segelboot und seine Farben sind Blau und Weiß.

DAMBALLAH

Gute Schlange des Himmels, Hüter des Regens, der Bäche und Flüsse. Sein Veve zeigt zwei Schlangen, die an den Hermesstab erinnern, dem Symbol der Alchemie.

ERZULIE

Weiblicher Loa der Schönheit und Verkörperung des weiblichen Prinzips. Das Veve erinnert an das durchbohrte heilige Herz der leidenden Jungfrau Maria.

MAMAN BRIGITTE

Herrin über Leben, Tod und Friedhöfe, die mit der heiligen Brigida assoziiert wird. Ihr Veve enthält Friedhofmotive aus christlichen Kreuzen.

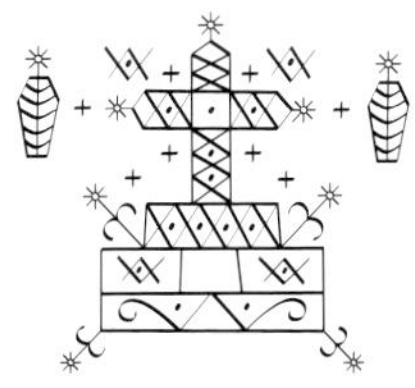

BARON SAMEDI

Er gehört zur Gruppe der Ghede und ist der Loa der Toten, der sowohl Zauberei als auch Nekromantie beherrscht. Sein Veve stellt ein stilisiertes Grab mit Särgen dar.

BARON CIMETIÈRE

Ebenfalls ein Ghede und Loa der Toten, der die Friedhöfe bewacht. Sein Veve zeigt ein Grab, das mit einem menschlichen Gesicht bekrönt ist.

OGOUN

Loa der Krieger, der viele Aspekte irdischer Macht verkörpert, zugleich auch Loa der Schmiede. Sein Veve ähnelt einem schmiedeeisernen Gitter mit Palmen-Verzierungen.

AZTEKENGÖTTER

Die Azteken, die sie sich selbst meistens Mexika nannten, benutzten die zweiundfünfzigjährige kurze Zählung des rituellen Tzolkin-Haab-Kalenders (siehe Seite 30), besaßen jedoch anders als ihre südlichen Nachbarn, die Maya, kein vollständig ausgearbeitetes Schriftsystem, in dem sie ihre Sprache Nahuatl wiedergeben konnten. Sie stellten dennoch Bücher her, die als „Codices" bezeichnet werden, aber statt Texten, die gelesen werden konnten, handelt es sich vielmehr um illustrierte Gedächtnishilfen zur Ergänzung von Wissen, das in mündlichen Überlieferungen bewahrt und in öffentlichen Feiern nachgestellt wurde. Die Azteken verehrten eine Vielzahl an Gottheiten, deren Attribute sie einfach erkennbar machten. Die Götter bestimmten die gesamte Alltagskultur der Azteken, konnten aber nur durch die Darreichung von Blutopfern überleben.

Die Azteken beherrschten Zentralmexiko von ungefähr 1300 bis zur spanischen Eroberung ihrer Hauptstadt Tenochtitlán im Jahr1521. Sie glaubten, dass alle Aspekte des Lebens und der Natur spezifischen Göttern oder Göttinnen oblagen. Die Kosmologie der Azteken gründete auf der Vorstellung, dass die älteren Götter vier bereits vergangene Zeitalter, denen vier Sonnen zugeordnet waren, erschaffen hatten, von denen jedes einer verheerenden Zerstörung anheimgefallen war. Sie lebten in Furcht vor dem Ende des fünften Zeitalters, das mit der Rückkehr des Gottes Quetzalcoatl, der gefiederten Schlange, zusammenfallen würde, dessen Ankunft übers Meer aus dem Westen erwartet wurde. Der letzte Aztekenherrscher, Moctezuma II., erkannte in dem spanischen Konquistador Hernán Cortés irrtümlich den wiederkehrenden Quetzalcoatl, wodurch er das Ende der fünften Sonne unbeabsichtigt beschleunigte und die Vernichtung der aztekischen Zivilisation herbeiführte.

Mexiko ist eine für Naturkatastrophen bekannte Region – Erdbeben, Vulkanausbrüche, Überschwemmungen und Dürre – was die Azteken als Beweis für die Fragilität der Welt und als Vorzeichen bevorstehenden Unheils deuteten. Sie entwickelten eine einzigartige auf wechselseitige Abhängigkeit beruhende Beziehung zu ihren Göttern, die nicht ohne menschliches Eingreifen überleben konnten. In dem Bemühen, die fünfte Sonne zu überdauern, mussten sie die Götter stark halten, indem sie ihnen das *Tonalli*, die Lebenskraft, von Menschenopfern – gefangenen feindlichen Kriegern, Sklaven oder Azteken – darbrachten, die man aufgrund besonderer Eigenschaften auswählte und dadurch als Blutopfer für eine bestimmte Gottheit geeignet waren. Der Opfertod galt als Garantie für ein gutes Leben im Jenseits.

Obwohl die Darstellungen der Götter keine Glyphen im herkömmlichen Sinn waren, symbolisierten sie doch die Götter und Göttinnen des aztekischen Pantheons, die an ihren Haltungen, Attributen, Emblemen und Farben einfach erkennbar waren.

HUITZILOPOCHTLI

Der Kriegs- und Sonnengott war Hauptgott der Azteken. Huitzilopochtli wird entweder als Kolibri oder geschmückt mit Kolibrifedern dargestellt und trägt einen schlangenförmigen Atlatl (Speerwerfer) sowie einen Spiegel. Als Hauptgottheit der Azteken war er einer der beiden Götter, die in einem Schrein auf der Spitze des ihnen jeweils geweihten Tempels in Tenochtitlán verwahrt wurden, in seinem Fall im Templo Mayor.

TLALOC

Der Gott des Regens, der Fruchtbarkeit und der Gewässer war der zweithöchste Gott nach Huitzilopochtli und die zweite Gottheit, die einen eigenen Schrein und Tempel hatte (neben dem Templo Mayor). Tlaloc besitzt große Augen und die Fänge eines Jaguars. Neben Jaguaren wurden ihm auch Kinder geopfert, um sicherzustellen, dass er Regen sandte.

TEZCATLIPOCA

Gott der Wirbelstürme, der Weissagung und Zauberei. Tezcatlipoca bedeutet so viel wie „Rauchender Spiegel". Er wird mit Obsidian assoziiert, einer Art von vulkanischem Gesteinsglas, das zur Herstellung aztekischer Waffen und polierter Oberflächen für Spiegel benutzt wurde, die zu Zwecken der Weissagung verwendet wurden. Sein Gesicht ist mit gelben und schwarzen Streifen bedeckt.

QUETZALCOATL

Der Gott des Windes, der Luft und des Lernens. In der Gestalt einer gefiederten Schlange ist Quetzalcoatl eine dauerhafte Erscheinung im mesoamerikanischen Pantheon der Gottheiten, das lange vor der aztekischen Herrschaft in der Region existierte. Ein nach ihm benannter, um 150–200 n. Chr. errichteter Tempel ist eines der Hauptbauwerke in der bedeutenden mexikanischen Ruinenstätte Teotihuacán.

CHALCHIUHTLICUE

Göttin der Gewässer, Bäche und Stürme. Chalchiuhtlicue, „Die mit dem Jaderock", wird häufig mit Wasser abgebildet, das aus ihrem Rock als Symbol der Fruchtbarkeit strömt, die daraus entsteht. Sie ist auch die Schutzherrin der Hebammen und Kindesgeburt.

MICTLANTECUHTLI

Gott der Toten und der Unterwelt. Wie es einem Herrn der Unterwelt angemessen ist, wurde Mictlantecuhtli als Skelett mit einer Halskette aus menschlichen Augäpfeln wiedergegeben. Er wird mit Totendarstellungen während des heutigen mexikanischen Tages der Toten verbunden.

TLAZOLTEOTL

Göttin des Schmutzes, des Lasters und der Reinigung. Tlazolteotl ist die Göttin des Drecks und der Sünde sowie der Reinigung und Vergebung der Sünde. Sie wird auch mit Geschlechtskrankheiten assoziiert, mit denen sie diejenigen heimsucht, die sich auf sündenhafte oder verbotene Liebe einlassen.

XIPE TOTEC

Gott des Frühlings und der Erneuerung. Xipe Totec häutete sich selbst, indem er seine Haut wie ein Schlangenhemd abstreifte oder wie einen Maissamen vor dem Auskeimen, um die Menschen zu ernähren. Seine Darstellung zeigt ihn bedeckt mit der abgezogenen Haut eines seiner menschlichen Opfer.

TECCIZTECATL

Gott des Mondes. Tecciztecatl wetteiferte mit einem anderen Gott darum, die Sonne zu werden, wodurch zwei Sonnen am Himmel entstanden wären. Die Götter wussten dies zu verhindern, warfen ein Kaninchen auf Tecciztecatl, dämpften dadurch sein Licht und schufen so das Kaninchenmuster auf der Mondoberfläche.

3

HEILIGE SCHRIFTEN

Der Beginn der Schriftlichkeit verwandelte die Welt auf zweierlei Weise: Erstens ermöglichte sie den Menschen, getreulich Buch über ihre Geschichte und Bräuche zu führen, was zuvor der menschlichen Erinnerung überlassen war und daher verfälscht werden oder in Vergessenheit geraten konnte. Zweitens bewirkte der Akt des Schreibens zur Bezeichnung von Dingen den Glauben der Menschen, etwas beschwören oder beherrschen zu können, was sie dazu bewog, einen Korpus magisch-religiöser Rituale zu schaffen, deren genaue Befolgung, wie sie annahmen, ihnen die Möglichkeit eröffnen würde, die Welt zu verändern und den Lauf zukünftiger Ereignisse zu beeinflussen.

Menschen entwickelten die Schrift aus zwei Gründen: einem praktischen, um die Steuererhebung und die Zivilverwaltung zu erleichtern sowie dauerhafte Urkunden von Handelsverträgen und Grundbesitz anzufertigen; der zweite war ein ideeller, um die heiligen Traditionen und Ritualhandlungen, die die Beziehungen zwischen den Menschen und den Göttern regelten, zu bewahren und weiterzugeben. Schreiben löste das Problem der Fehlbarkeit menschlicher Erinnerung, schuf jedoch auch das Instrument zu ihrer Verfälschung. Es bildete zugleich das Hauptmedium, um die Welt durch Magie und Rituale zu verändern und zu beherrschen.

Wir können uns kaum eine Zeit vorstellen, als es keine Schrift gab und alles Wissen in den Köpfen der Menschen in Form mündlicher Überlieferung aufbewahrt wurde, sodass man sich absichtlich daran falsch erinnerte oder es völlig in Vergessenheit geriet. Die ersten Piktogramme wurden für Lagerbestände oder Zahlungsbelege benutzt, um zum Beispiel die Menge an Rindern, Schafen oder Scheffeln Getreide zu erfassen, die als Zehnt oder Steuer an den Palast oder Tempel zu entrichten war. Den ungebildeten Viehtreibern oder Bauern, die ihre Steuern in Naturalien bezahlten, musste das Ganze wie Magie erscheinen, wenn ein Schreiber mit abstrakten Symbolen auf geheimnisvolle Weise vermittelte, was an einen meilenweit entfernten Beamten an Vieh und Getreide abzuliefern war.

Das geschriebene Wort verwandelte die Art und Weise, wie die Welt funktionierte, und es bedurfte nur eines kleinen Geistessprungs, um zu glauben, dass der Name einer niedergeschriebenen Sache mit dem tatsächlichen Gegenstand gleichbedeutend ist. Aus dieser Vorstellung heraus entstanden die vielen Traditionen der textbasierten zeremoniellen Magie, die zu einem Korpus aus Beschwörungsformeln, Zaubersprüchen, Verwünschungen und Talismanen führte. Im Laufe der Jahrtausende wurden Piktogramme immer abstrakter und so konnten die Zeichen, die einst für ein ganzes Wort standen, eingesetzt werden, um Silben oder einzelne Buchstaben zu schreiben. In demselben Maße, in dem sich das Schreiben entwickelte, bildeten sich auch Grammatik und Schreibweisen der Sprachen aus, die durch Schrift übermittelt wurden, wodurch sich die Nuancen dessen, was ausgedrückt werden sollte, verfeinerten, etwa durch die Zeitformen der Verben, die Geschlechter und Anzahl der Nomen sowie Adjektive.

Ägyptische Pharaonen und assyrische Könige ließen ihre Errungenschaften und Siege in Steininschriften auf Tempel- und Palastwänden verewigen, aber sind wir sicher, dass sie die Wahrheit sagten? Priester und Okkultisten stellten beständig Aufzeichnungen heiliger Texte und ausführliche Beschreibungen von Ritualen zusammen, die ihre Überzeugungen und Praktiken jahrtausendelang bewahrten – eine wahrhaft kraftvolle Magie.

Inschrift aus dem 6. Jh. v. Chr. auf dem Ischtar-Tor, dem achten Tor der inneren Mauerringe Babylons.

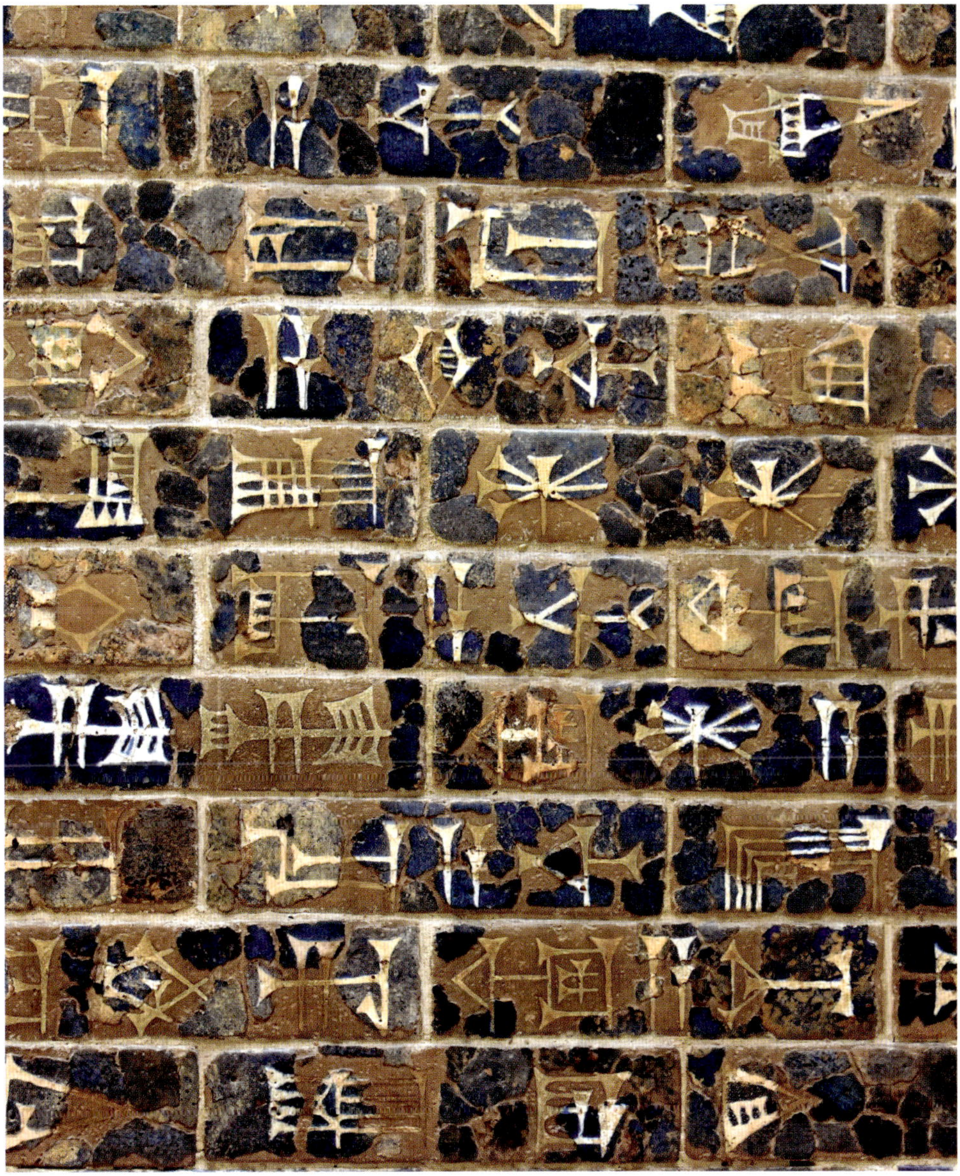

KEILSCHRIFT

Die Sumerer schufen die ersten geschriebenen Zeichen im Nahen Osten, die wir als Keilschrift kennen und die für mehr als drei Jahrtausende durchgehend in Gebrauch blieb, was sie zum langlebigsten Schriftsystem der Menschheit machte. Die Keilschrift wurde während dieser gewaltigen Zeitspanne für die Wiedergabe einer Reihe verschiedener Sprachen adaptiert und für ein breites Spektrum an Anwendungen eingesetzt, beispielsweise für Handels- und Rechtsdokumente, Werke der Literatur und Dichtung, Chroniken, königliche Inschriften und Widmungen, astrologische Abhandlungen und Bücher über Weissagungen, magische Zaubersprüche und Hymnen an die Götter.

Das im südlichen Teil von Mesopotamien gelegene Sumer (in etwa das Gebiet des heutigen Irak) galt lange als die Wiege der urbanen Zivilisation. Dort wurde um 3500 v. Chr. die Keilschrift geschaffen, die bis in die ersten Jahrhunderte n. Chr. benutzt wurde, um so unterschiedliche Sprachen wie Sumerisch, Akkadisch, Hethitisch, Elamitisch, Babylonisch, Assyrisch oder Persisch zu schreiben. Sie war darüber hinaus während der Bronzezeit die bevorzugte Schrift für diplomatische Korrespondenz.

Die Keilschrift entstand aus einfachen piktografischen Zeichen, die auf Zählsteine (Tokens) aus Ton geritzt wurden, den sumerischen Entsprechungen zu Kaufurkunden und Bestandsverzeichnissen von Waren, Getreide oder Vieh. Trotz ihres eher profanen Ursprungs in Buchhaltung und Handel hatte sich die Keilschrift an der Wende zum dritten Jahrtausend v. Chr. zur ersten abstrakten Schrift entwickelt. Die größtenteils ungebildeten Einwohner Mesopotamiens mussten sie als übernatürlich empfunden haben. Wenn sie Beamte, Priester und Schreiber abstrakte Zeichen für „Ochse" oder „Schaf" schreiben sahen, könnten sie ihnen die magische Kraft zuerkannt haben, Tiere zu beherrschen, oder sogar die göttergleiche Qualität, sie ins Leben zu rufen. Den wahren Namens eines übernatürlichen Wesens aufzuschreiben, wurde in der zeremoniellen Magie lange gleichbedeutend mit der Fähigkeit verbunden, es zu beschwören und zu kontrollieren. Die Erfindung der Keilschrift war Anlass für eine schnelle Entwicklung von geschriebenen Gebeten, Beschwörungen, Zaubersprüchen und Flüchen.

Nachdem die Keilschrift ausgereift war, wurde sie rasch für eine große Vielfalt an profanen und heiligen Anwendungen vereinnahmt. Die gegenüberliegende Abbildung einer Widmungstafel aus Stein zeigt einen babylonischen König, der Hilfe suchend in die Nähe des Sonnengottes Šamaš geführt wird, dessen lodernde Sonnenscheibe auf einem Altar vor seinem Thron ruht, über dem sich drei göttliche Symbole befinden: die Mondscheibe des Mondgottes Sin, seine eigene Sonnenscheibe und der achtzackige Stern Ishtars, der Göttin des Planeten Venus.

Ein babylonischer König wird vor den Sonnengott geführt; darunter beschreiben Keilschriftinschriften die Szene, die Beteiligten und ihre königliche Widmung.

DIE KEILSCHRIFTZEICHEN

Der Name „Keilschrift" wurde geprägt, weil die Ideogramme aus keil- oder nagelförmigen Zeichen hergestellt wurden. Um Keilschrift zu schreiben, wurde ein Griffel mit einer entsprechend geformten Spitze in die Oberfläche einer ungebrannten Tontafel gedrückt. Wenn das Geschriebene nicht erhalten werden sollte, ließ sich die Tafel aufweichen, sodass die Griffeleindrücke entfernt werden konnten. War ein Text jedoch für die Aufbewahrung vorgesehen, wurde die Tafel gebrannt und so ein unzerstörbares Dokument geschaffen. Bislang wurden mindestens eine halbe Million Tontafeln entdeckt, und jedes Jahr werden immer noch mehr auf den nahöstlichen Ruinenstätten zutage gefördert. Das Brennen von Tafeln ereignete sich auch unbeabsichtigt, beispielsweise infolge eines durch ein zufällig ausgelöstes Feuer zerstörtes Gebäude oder aufgrund von Plünderungen und Brandschatzungen einer Stadt.

Die frühesten Formen der sumerischen Piktogramme wurden mit abgerundeten Griffeln gestaltet und so fehlte ihnen das typische keilförmige Aussehen. Die Zeichen in der ersten Spalte auf der gegenüberliegenden Seite sind Piktogramme, das heißt, erkennbare Darstellungen des bezeichneten Gegenstands. Selbst wenn die Zeichen für eher abstrakte Begriffe stehen, wie zum Beispiel die für „Schicksal" oder „Herrscher", ist die mit ihrer Visualisierung verbundene Assoziation offensichtlich: „Schicksal" beruht auf dem Piktogramm eines Vogels im Flug, während „Herrscher" das Piktogramm eines Mannes ist, der einen Kopfschmuck oder eine Krone trägt.

Im Verlauf der Weiterentwicklung der Schrift wurden die Zeichen um neunzig Grad gedreht (Spalte zwei). Die Zeichen in Spalte drei weisen deutliche Keilschriftelemente auf, weil sie mit einem keilförmigen Griffel geritzt wurden. Auch wenn sie dieselbe Grundform bewahren, sind sie abstrakter geworden und weniger eindeutig zu lesen. Die letzten zwei Spalten veranschaulichen, wie sie weiter zu Ideogrammen abstrahiert wurden, die nur ein geübter Schreiber deuten konnte.

Die Struktur der Schrift wurde ebenfalls abstrakter. Während in der anfänglichen piktografischen Schrift das Piktogramm für „Ochse" zugleich den Lautwert des Wortes Ochse festlegte, konnten die Zeichen in späteren Keilschriften Silben oder einzelne Buchstaben darstellen, sodass sich durch deren Kombination Wörter und Namen bilden ließen, ohne dass sie sich auf die ursprünglichen Bedeutungen der einzelnen Bestandteile der Zeichen bezogen. Die unten abgebildete Inschrift „Assurbanipal, König von Assyrien" ist oben in der viel älteren sumerischen Keilschrift verfasst, darunter in der assyrischen. Assurbanipal herrschte im siebten Jahrhundert v. Chr. über das Assyrische Reich, 1.600 Jahre nach der Erfindung der Keilschrift durch die Sumerer.

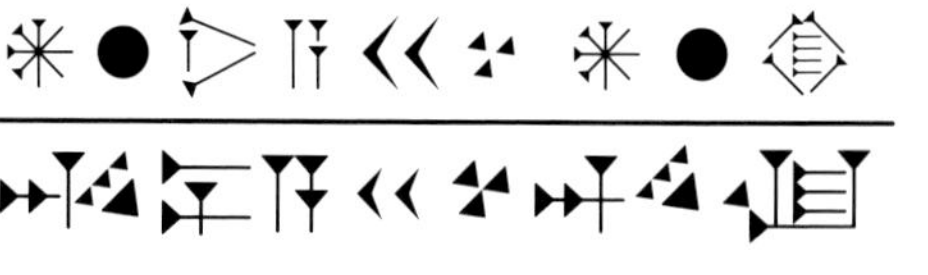

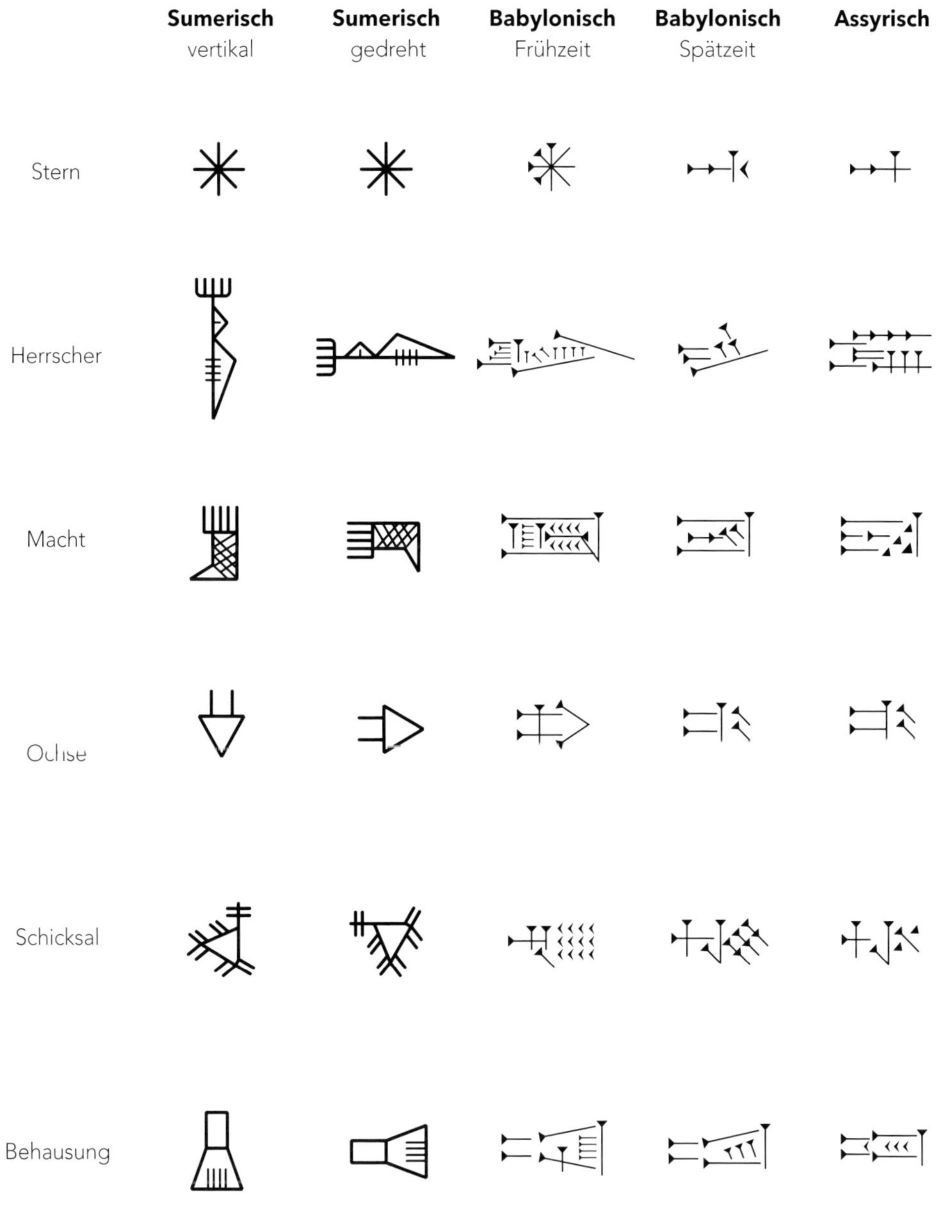
Sumerisch vertikal
Sumerisch gedreht
Babylonisch Frühzeit
Babylonisch Spätzeit
Assyrisch
Stern
Herrscher
Macht
Ochse
Schicksal
Behausung

MESOPOTAMISCHE ZIVILISATION

Jeder der miteinander rivalisierenden sumerischen Stadtstaaten besaß seinen eigenen Schutzgott. Das bedeutendste Gebäude in der Stadtmitte war der oben auf einer gestuften Pyramide errichtete als Zikkurat bezeichnete Tempel, der sowohl das kultische Zentrum als auch den Wohnsitz der Schutzgottheit der Stadt bildete. Wir halten eine Stadt für eine zum Wohle ihrer Bürger gebaute Struktur, die Sumerer jedoch glaubten, dass Städte die Heimstätten der Götter seien, denen alle Bewohner vom König und Hohepriester bis hinunter zum niedrigsten Handwerker und Bauern huldigten und dienten.

Die Vorstellung, dass der einzige Zweck einer Stadt im Dienst und in der Verherrlichung seiner Schutzgottheit bestand, wurde von den Babyloniern übernommen. Als sie Mesopotamien beherrschten und ihre Stadt verschönerten, taten sie dies im Namen ihres Schutzgottes Marduk, dessen Abbild sich im Heiligen des Heiligsten oben auf der städtischen Zikkurat befand. Die Räume des Gottes waren mit goldenen Möbeln geschmückt und seine Statue wurde von den Priestern und Priesterinnen umsorgt, als ob er ein lebendiges Wesen wäre, das gekleidet, ernährt und unterhalten werden musste. Im wahrsten Sinne des Wortes war alles, was zur Stadt zählte, heilig, weil es dem Gott gehörte.

Die sumerischen Titel *Lugal* und *Ensi*, die für gewöhnlich mit „König" und „Hohepriester" übersetzt werden, bezeichneten Diener der Schutzgottheiten, denen als führende Vertreter und Verwalter der Stadt die Stadtgötter anvertraut waren, was ein wenig an die Renaissancepäpste erinnert, die Oberhäupter der katholischen Kirche sowie weltliche Herrscher des Kirchenstaates waren und gelegentlich ihre Armeen aufs Schlachtfeld führten.

Die vier Abbildungen auf der gegenüberliegenden Seite zeigen verschiedene rituelle Verwendungen der Keilschrift. Die erste ist eine Tempelwidmung in Form eines nagelförmigen Tonkegels, der unter den Fundamenten begraben, die Gründung zu Ehren der Stadtgottheit dem königlichen Erbauer zuschreibt. Obwohl der König das Verdienst für sich beansprucht, spiegelt die Formulierung seinen Status als demütiger Diener des Gottes wider. Die drei anderen Illustrationen sind astronomische und astrologische Zeugnisse der Weissagung, allerdings nicht im Sinne eines individuellen Horoskops wie wir es heute beauftragen würden, sondern um die Angelegenheiten des Herrschers als Repräsentant der Stadt und Hauptvertreter des Gottes darzustellen.

SUMERISCHE TEMPELWIDMUNG (TONKEGEL)
um 2200–2100 v. Chr.

BABYLONISCHE ASTROLOGISCHE DARSTELLUNG
um 3000 v. Chr.

BABYLONISCHE STERNENLISTE
um 400–200 v. Chr.

ASSYRISCHE HIMMELSKARTE
um 3400–3300 v. Chr.

ÄGYPTISCHE HIEROGLYPHEN

Selbst als das Alte Ägypten seine politische Unabhängigkeit verlor und nacheinander Teil einer Reihe größerer eurasischer Reiche wurde, beginnend mit der Herrschaft der Assyrer, die anschließend auf die Perser, Makedonen und Römer überging, bewies es eine bemerkenswerte kulturelle Kontinuität, die sich in der Ikonografie seiner traditionellen künstlerischen und architektonischen Stile, seinen Begräbnisriten und seiner Hieroglyphenschrift ausdrückte. Auch wenn behauptet wurde, dass die Ägypter die Schriftlichkeit von den Sumerern übernahmen, ist es viel wahrscheinlicher, dass sich die beiden Schriftsysteme unabhängig voneinander im vierten Jahrtausend v. Chr. entwickelten.

Das Hieroglyphenschriftsystem war äußerst kompliziert und bestand aus 900 bis 1.000 verschiedenen Symbolen, die benutzt wurden, um als Logogramme ein ganzes Wort zu bezeichnen, um einzelne Buchstabenlaute darzustellen und um als Determinative zu fungieren, Zeichen, die nicht dazu gedacht waren, ausgesprochen zu werden, sondern eingesetzt wurden, um die Bedeutungen von Wortklassen zu verdeutlichen, beispielsweise von Personennamen oder grammatischen Bestandteilen eines Satzes. Diese Komplexität hatte zur Folge, dass wahre Literalität allein Schreibern oder Priestern vorbehalten war.

Das ägyptische Schriftsystem brachte wie die Keilschrift einfachere, abstraktere Formen hervor, die sogenannten hieratischen und demotischen Zeichen für alltägliche Zwecke. Die alten piktografischen Hieroglyphen wurden weiterhin für monumentale Inschriften und magische Texte wie das Totenbuch verwandt, dessen Zaubersprüche auf die Wände von Grabmalen und auf Sarkophage geritzt oder gemalt wurden, um den Verstorbenen dabei zu helfen, die vielen Gefahren der Unterwelt zu bestehen und Unsterblichkeit im Jenseits zu erreichen. Die Vorstellung, dass das geschriebene Zeichen von Zauberkraft durchdrungen war, war in Ägypten weitverbreitet, wie unzählige von Lebenden getragene Schutztalismane bezeugen und wertvolle Amulette aus Hieroglyphen innerhalb der Wicklungen ägyptischer Mumien. Diese Praxis führte dazu, dass Grabräuber stets die Mumien in den von ihnen geplünderten Gräbern entweihten, indem sie ihre Köpfe abtrennten und ihre schützenden Binden ablösten, um an das kostbare Amulett zu gelangen.

Der Name des Verstorbenen wurde in ägyptischen Bestattungen prominent herausgestellt, damit die Götter seine Identität zweifelsfrei erkannten. Die Kartusche im Grab des Pharaos Tutanchamun verzeichnete seinen Namen und Herrschertitel, die auf dem Eingang und den Wänden, auf den Särgen und allen mit ihm bestatteten Grabbeigaben abgebildet wurden. Die gegenüberliegende Seite zeigt ein Beispiel für Hieroglyphen, das ihre heiligen Bedeutungen vermittelt.

Wandmalerei eines ägyptischen Ehepaares. Die Szene stellt den Schach oder Dame spielenden Verstorbenen neben seiner Ehefrau dar.

ÄGYPTISCHE HIEROGLYPHEN

ANCH

Leben und Auferstehung

SENEB

Gesundheit und Wohlbefinden

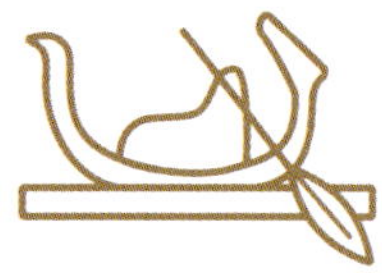

BOOT

Seelenwanderung und Himmelsreise

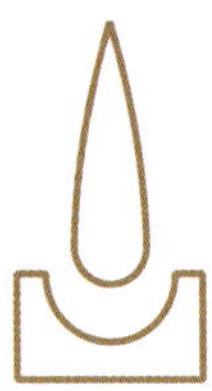

WEDJA

Materieller Wohlstand

CHEPRE (SKARABÄUS)

Schöpfung und Wiedergeburt

NEFER

Güte und Schönheit

DJED

Beständigkeit und Stärke

IB

Quelle der Lebenskraft

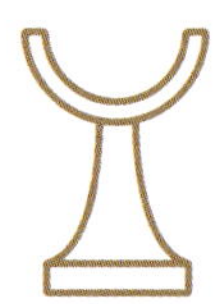

KOPFSTÜTZE

Schutz bei Nacht und im Tod

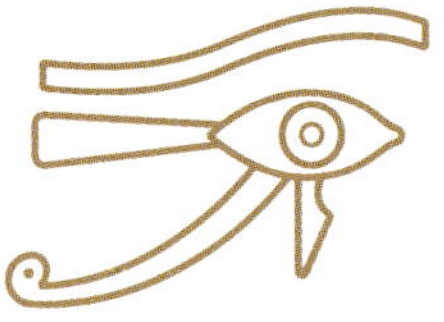

WADJET

Schutz vor Bösem

MENAT

Fruchtbarkeit und Freude

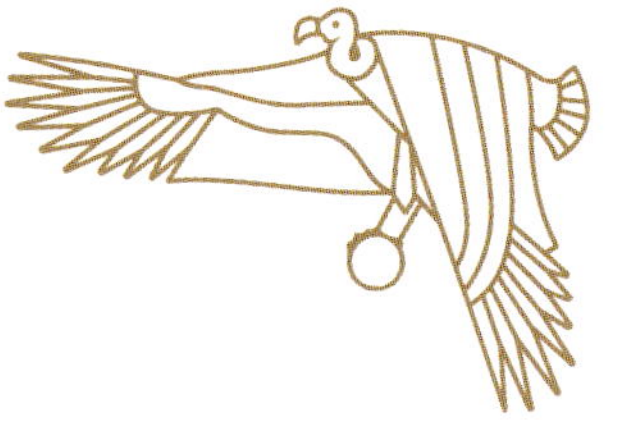

NECHBET

Reinigung und Erneuerung

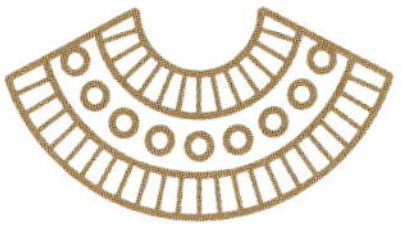

HALSKRAGEN (WESECH) AUS GOLD

Loslösung und Verzicht

LEITER

Übergang ins Jenseits

SHEN

Unendlichkeit und Beständigkeit

MINOISCHE PIKTOGRAMME (DISKOS VON PHAISTOS)

Das als Diskos von Phaistos bekannte Artefakt ist eines der geheimnisvollsten je auf der Insel Kreta entdeckten archäologischen Fundstücke. Die gebrannte Tonscheibe mit einem Durchmesser von 15 cm wird wohl keine Museumsbesucher beeindrucken, die antike Schätze aus solidem Gold mit kostbarem Steinbesatz erwarten. In archäologischer Hinsicht ist sie allerdings wegen ihrer Einzigartigkeit unbezahlbar. Bislang ist nichts Vergleichbares in der gesamten östlichen Mittelmeerregion gefunden worden. Noch viel rätselhafter ist jedoch, dass die auf beiden Seiten der Scheibe eingestempelten Piktogramme seit ihrer Entdeckung 1908 nicht entziffert wurden.

Der nach seinem Fundort, dem minoischen Palastkomplex von Phaistos auf Kreta, benannte Diskos wurde während der Ausgrabungen anfangs des 20. Jahrhunderts zutage gefördert, als Sir Arthur Evans zeitgleich die minoische Palastanlage von Knossos freilegte, die berühmt wurde wegen ihrer Verbindung mit dem legendenhaften König Minos, der seinen monströsen stierköpfigen Sohn, den Minotaurus, in einem Labyrinth einsperrte. Die mysteriösen auf beiden Seiten der Scheibe in einem spiralförmigen Muster angeordneten Piktogramme zogen sofort die Aufmerksamkeit von Archäologen und Gelehrten auf sich, die weiterhin über ihre Entstehung und Funktion spekulieren, die von einem Brettspiel oder religiösen Text bis hin zum frühesten Beispiel eines „Drucks mit beweglichen Lettern" reichen.

Die Minoer benutzten eine als Linearschrift A bezeichnete Silbenschrift, deren Code noch nicht geknackt wurde und deren Zeichensatz nicht mit dem auf der Scheibe übereinstimmt. Die Scheibe weist 241 aus einem „Alphabet" mit 45 Zeichen erzeugte Piktogramme auf, die durch Trennlinien in Gruppen mit zwei bis sechs Zeichen gegliedert sind, was zur Annahme führte, dass es sich um Wörter handeln könnte.

Die beiden Sequenzen stellen vermutlich Text dar, da ein Brettspiel eher aus Einzelfeldern bestünde. Der Ausgrabungsort der Scheibe in einem Vorratsraum im Nordosttrakt des Palastes zwischen Asche und Knochenresten von Opfertieren und einer in Linearschrift A verfassten Tafel legt zudem ein kostbares, heiliges Artefakt nahe. Behältnisse mit wertvollen heiligen Gegenständen hoben die Bedeutung des Gebäudes heraus und boten ihm magischen Schutz.

Oben: Palastruinen in Knossos auf Kreta, Griechenland.
Gegenüber: Mehr als ein Jahrhundert nach seiner Entdeckung ist der Diskos noch immer nicht entziffert.

PIKTOGRAMME DES DISKOS

GEHENDER

PFEIL

HOBEL

HUF

PAPYRUS

KAMMHELM

BOGEN

BAUCHIGES GEFÄSS

KATZE

ROSETTE

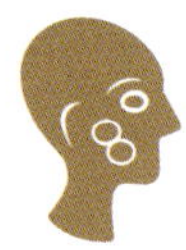
KOPF MIT TÄTOWIE-RUNG

SCHILD

KAMM

WIDDER

LILIE

GEFANGE-NER

KEULE

SCHLEUDER

FLIEGENDER VOGEL

OCHSEN-RÜCKEN

KIND

HAND-SCHELLEN

HAMMER MIT QUA-DRATISCHEM KOPF

TAUBE

FLÖTE

FRAU

SPITZHACKE

BIENEN-
STOCK

FISCH

REIBEISEN

HELM

DOLCH

SCHIFF

BIENE

SIEB

HANDSCHUH

DECKEL

HORN

BAUM

HANDBEIL

KOPF-
BEDECKUNG

ZIMMER-
MANNS-
WINKEL

TIERHAUT

OLIVEN-
BAUM

WASSER

ANTIKE GRIECHISCHE BUCHSTABEN & ZAHLEN

Den Griechen der Antike wird die Erfindung der Philosophie, Mathematik und wissenschaftlichen Methode zugeschrieben, sodass sich der Leser fragen könnte, weshalb ihr Alphabet und ihre Zahlen in einem Buch über okkulte Symbole enthalten sind, aber ihre Weltsicht war keineswegs nur von Rationalität und Skeptizismus geprägt. Äußerst abergläubisch und religiös lebten sie in Furcht vor den Göttern und anderen übernatürlichen Wesenheiten und griffen häufig auf Magie, Weissagung, Astrologie und Orakel zurück. Die alten Griechen glaubten an die dem Geschriebenen innewohnende Zauberkraft und entwickelten die okkulte Wissenschaft der Numerologie, die Kunst der Weissagung durch Zahlen.

Die Griechen waren im Vergleich zu den Sumerern und Ägyptern relative Nachzügler hinsichtlich der Verschriftlichung ihrer Sprache. Sie übernahmen von den Phöniziern ein komplettes Alphabet, das sie ihren sprachlichen Notwendigkeiten anverwandelten. Einer der größten Vorteile infolge dieser kulturellen Aneignung war, dass das phönizische Alphabet aus nur zwei Dutzend Zeichen bestand, die sich leicht merken, schreiben und lesen ließen, was die Schreib- und Lesefähigkeit einfacher machte als in Kulturen mit komplizierten piktografischen und ideografischen Schriftsystemen. Im Griechenland der Antike brauchte man keinen Schreiber oder eine mit Ritualen vertraute Person, um magische Formeln aus dem griechischen Alphabet zu erschaffen, das dieselben Zeichen für Buchstaben und Zahlen verwandte.

Heutzutage werden die griechischen Buchstaben mit Mathematik und den Wissenschaften verknüpft, allerdings existierte im Altertum keine so deutliche Abgrenzung zwischen den Naturwissenschaften, die dem Verständnis des Kosmos dienten und der magischen sowie rituellen Handlungen, mit denen man das Universum zu beherrschen versuchte. Ein Beispiel für die Verschmelzung wissenschaftlicher und magischer Vorstellungen schuf der im sechsten Jahrhundert v. Chr. wirkende Mathematiker und Mystiker Pythagoras. Wir erinnern uns an ihn wegen seines nach ihm benannten Satzes über rechtwinklige Dreiecke, allerdings erfand er auch ein System der alphabetischen und numerologischen Divination, das den Buchstaben im Namen eines Menschen Zahlen zuwies und in Kombination mit seinem Geburtsdatum den Charakter und das Schicksal eines Menschen offenbaren sollte.

Griechisch blieb auch nach dem Beginn der osmanischen und damit muslimischen Herrschaft in Griechenland noch lange die heilige Sprache des Christentums. Die frühesten bekannten Handschriften des Neuen Testaments sind in griechischer Sprache geschrieben worden. Die griechischen Fassungen der neutestamentlichen Texte galten als maßgeblich und bildeten die Grundlage für die Übersetzung der christlichen Heiligen Schrift ins Lateinische und werden auch heute noch für die Übertragung und Exegese der Bücher des Neuen Testaments benutzt.

Antike griechische Inschriften wurden in Majusklen (Großbuchstaben) eingeritzt, während für handgeschriebene Texte Minuskeln verwandt wurden.

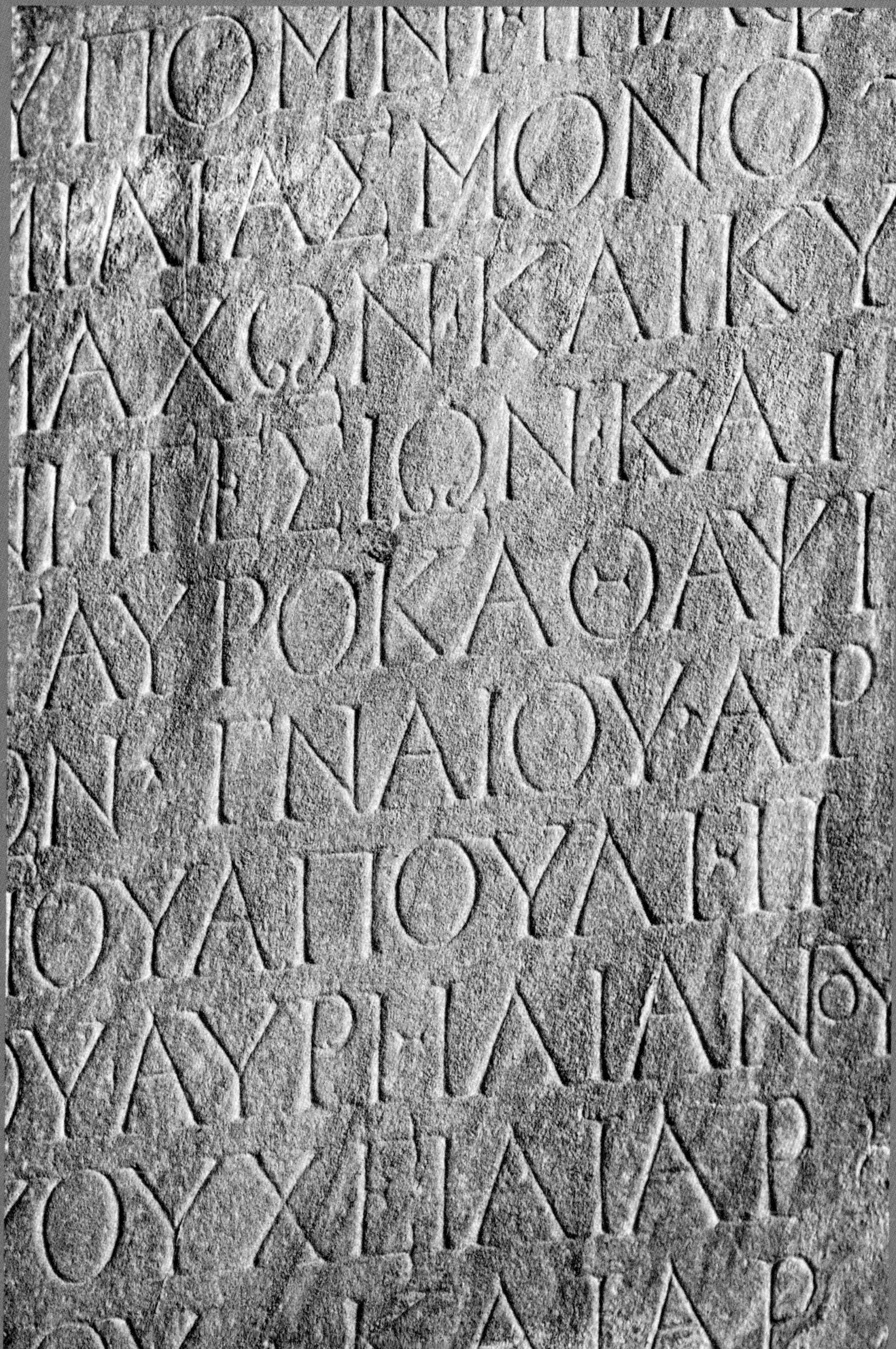

DAS GRIECHISCHE ALPHABET

Αα′	Ββ′	Γγ′	Δδ′	Εε′
ALPHA	BETA	GAMMA	DELTA	EPSILON
Ζζ′	Ηη′	Θ θ′	Ιι′	Κκ′
ZETA	ETA	THETA	IOTA	KAPPA
Λλ′	Μμ′	Νν′	Ξξ′	Οο′
LAMBDA	MY	NY	XI	OMIKRON
Ππ′	Ρρ′	Σσ′	Ττ′	Υυ′
PI	RHO	SIGMA	TAU	YPSILON
Φφ′	Χχ′	Ψψ′	Ωω′	
PHI	CHI	PSI	OMEGA	

GRIECHISCHE ZAHLEN

α′	β′	γ′	δ′	ε′
1	2	3	4	5
ς′	ζ′	η′	θ′	ι′
6	7	8	9	10
κ′	λ′	μ′	ν′	ξ′
20	30	40	50	60
ο′	π′	ϟ′	ρ′	σ
70	80	90	100	200
τ′	υ′	φ′	χ′	ψ′
300	400	500	600	700
ω′	ϡ′			
800	900			

KELTISCHE SYMBOLE & KNOTEN

Die Kelten bildeten eine disparate Gruppe heidnischer Völker, die durch kulturelle, sprachliche und religiöse Gemeinsamkeiten miteinander verbunden waren und ein riesiges Gebiet von der Iberischen Halbinsel bis nach Kleinasien besiedelten und während einer enormen Zeitspanne den größten Teil des europäischen Kontinents beherrschten. Heute erinnert man sich vor allem an ihre als „keltische Knoten" bekannten komplizierten, ineinander verwobenen Muster, die anfänglich heidnisch waren, später jedoch christlichen Zwecken dienten.

Im britischen Kontext wird die keltische Kultur mit der Schottland, Irland, Wales und Cornwall umfassenden „keltischen Randzone" assoziiert – den abgelegeneren und einfacher zu verteidigenden westlichen Regionen der Britischen Inseln, wo die einheimischen keltischen Britonen Zuflucht vor den Wellen angelsächsischer und normannischer Invasoren suchten, die zwischen dem 5. und 11. Jahrhundert zunächst als Plünderer einfielen und dann als Siedler blieben.

Die den Kelten zugeschriebenen Symbole reichen bis in die Urgeschichte zurück und kommen in einem großen geografischen Gebiet vor. Keltische Motive wie „Triskele" oder „Triquetra" finden sich auch im antiken Kunstkanon der Römer sowie Griechen und wurden später von den germanischen Völkern anverwandelt, die ins Römische Reich eindrangen und die keltischen Ureinwohner und ihre römischen Herren verdrängten.

Trotz ihres heidnischen Ursprungs wurden die keltischen Symbole vom Christentum übernommen, zuerst in Irland, das nach der Christianisierung im 5. Jahrhundert seine eigene keltisch-christliche Tradition entwickelte, und später im angelsächsischen England, das christliche Missionare im 7. Jahrhundert evangelisierten. Berühmte christlich-keltische Symbole sind das „Keltische Hochkreuz" mit dem typischen Ring um den Schnittpunkt der Stützbalken herum und das von der irischen Kirche dem keltischen Kult der Göttin Brigid entlehnte „St.-Brigids-Kreuz".

Die ineinander verschlungenen Linien der häufig als „keltische Knoten" bezeichneten keltischen Symbole wurden in frühen illuminierten Bibelhandschriften, auf geschnitzten Ornamenten in Kirchen, Kreuzen und Grabsteinen in den keltischen Ländern benutzt und während der Hochgotik in ganz Europa als dekorative Elemente verwendet.

Oben: Illustration aus dem Book of Kells, *um 800*

SEEMANNS-KNOTEN

TRISKELE

TRIQUETRA

KELTISCHES KREUZ

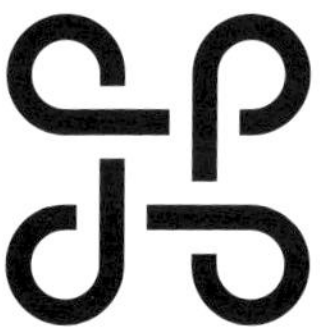

BOWEN-KREUZ

SALOMONS-KNOTEN

ST.-BRIGIDS-KREUZ

BAUM DES LEBENS

LAUBURU (BASKISCHES KREUZ)

LIEBESKNOTEN

ANGELSÄCHSISCHE RUNEN

Das Runenalphabet ist ein Relikt der Völkerwanderungszeit, die sich über das gesamte erste nachchristliche Jahrtausend hinzog und die kulturelle und ethnische Karte Europas umgestaltete. Die erste Welle überrollte das Weströmische Reich, darunter auch die römischen Provinzen Britannien, wo die Angeln und Sachsen aus Friesland und Dänemark im fünften Jahrhundert einfielen; während der zweiten Welle überfielen die nordischen Völker die westeuropäischen Küsten und begründeten das Danelag im Osten Englands.

Runenalphabete erschienen zuerst um das Jahr 150 n. Chr. und blieben in West- und Mitteleuropa bis ins achte Jahrhundert und in Nordeuropa bis ins zwölfte Jahrhundert in Gebrauch. Die Schrift durchlief drei wesentliche Modifikationen und einige geringere. Die Runen des älteren Futharks wurden von 150 bis 800 verwandt, die des jüngeren Futharks von 800 bis 1100. Die Angelsachsen schufen das längere dreißig Zeichen umfassende Futhorc, das sie vom fünften Jahrhundert an bis zu ihrer Niederlage durch die Normannen im elften Jahrhundert benutzten. Da es sich um kein standardisiertes Alphabet handelte, sind die angeführten Übersetzungen spekulativ. Nachdem ganz Europa das Christentum und das lateinische Alphabet übernommen hatte, kamen die Runen nur noch ausschließlich in den Anthologien der nordischen Epen vor, die in Island und Skandinavien vom dreizehnten Jahrhundert an zusammengestellt wurden.

Der römische Historiker Tacitus schildert in seinem Werk *Germania* die vermutliche Anwendung von Runen für die Weissagung, allerdings ohne den Begriff Rune zu erwähnen oder das Aussehen der Symbole für die Losorakel zu beschreiben. Zuverlässiger bezeugt wird die Tradition der Runenmagie in den im achten, neunten und zehnten Jahrhundert entstandenen Dichtungen, die in der *Lieder-Edda* (s. S. 102) überliefert sind. Im „Sigrdrîfumâl" (Das Lied von Sigurdrifa) unterweist die Walküre Sigurdrifa den Helden Sigurd im Gebrauch magischer Runen. Sie rät ihm, die mit dem germanischen Kriegsgott Tyr oder Ziu assoziierte Rune Tyr (auch Teiwaz genannt) zu schneiden, um in der Schlacht zu siegen. Andere Runen würden ihn vor Zauberei bewahren oder sein Langschiff vor Schiffbruch schützen.

Runeninschriften finden sich auch auf aufrechten Steinen überall auf Gräberfeldern in der nordischen und germanischen Welt. Diese Inschriften drohen jedem furchtbarste Strafen und einen langsamen qualvollen Tod an, der es wagt, die mit kostbaren Grabbeigaben, Rüstung und Waffen ausgestatteten Gräber zu entweihen.

RUNEN

FEOH-F MACHT, VIEH	UR-U AUEROCHSE	ÞORN-B DORN	OS-O MUND, GOTT	RĀD-R REITEN
CĒN-C FACKEL	GYFU-G GABE	WYNN-W WONNE	HÆGL-H HAGEL	NYD-N NOT
ĪS-I EIS	JĒRA-J ERNTE	ĒOH-EO EIBE	PEORD-P SPIEL	ILX-X ELCH
SIGEL-S SONNE	TYR-T TYR	BEORC-B BIRKE	EH-E PFERD	MAN-M MENSCH
LAGU-L SEE	ING-NG YNGVI	DÆG-D TAG	ĒTHEL-Œ GRUNDBESITZ	ĀC-A EICHE
ÆSC-Æ ESCHE	YR-Y BOGEN	ĒAR-EA GRABERDE	CALC-K BECHER	GAR-G SPEER

ISLÄNDISCHE STÄBE

Galdrastafir, isländische magische Stäbe, sind eine Form der Sigillenmagie, die in Island zwischen dem vierzehnten und siebzehnten Jahrhundert praktiziert wurde. Obwohl sie mit früheren Traditionen heidnischer germanischer und nordischer Runenmagie in Verbindung gebracht wurde, ist der Zusammenhang wenig überzeugend, weil die Runen durch das lateinische Alphabet ersetzt wurden, als Island um das Jahr 1000 zum Christentum bekehrt wurde. Die wahren Ursprünge der Galdrastafir sind wahrscheinlich nicht auf Islands Wikinger-Vergangenheit zurückzuführen, sondern auf die Verschmelzung von zeremonieller Magie der Renaissance mit christlicher Symbolik.

Galdrastafir befinden sich in einer Grauzone, in der sich Piktogramme und Ideogramme mit visuellen Zeichen überschneiden. Die Stäbe können nicht wie Ideogramme „gelesen" werden, die ganze Wörter, Silben oder Buchstaben darstellen, sondern jeder einzelne Stab besitzt einen mit einem bestimmten Sinn verknüpften Namen, mit dem die isländische Bevölkerung im Spätmittelalter und in der Frühen Neuzeit vertraut gewesen sein dürfte. Was sie tatsächlich in die Kategorie magischer Schriften fallen ließ, ist die Art und Weise, wie sie benutzt wurden, indem sie nämlich auf Bäume, Türpfosten von Häusern und Steine geschrieben wurden, aber auch auf tragbare Gegenstände wie Holzstäbe oder kleinere Stückchen aus Holz oder Rinde, die in Schuhen oder Kleidung verborgen werden konnten.

Galdrastafir sind aus isländischen Grimoires (Zauberbücher, siehe Seite 213) bekannt, die aus dem siebzehnten Jahrhundert oder später datieren. Einige ihrer Elemente entstammen der christlichen Symbolik, andere dem Okkultismus der Renaissance und manche wurden vage mit nordischen und germanischen Runen verknüpft, die bis zur Bekehrung Islands zum Christentum um das Jahr 1000 dort Verwendung fanden. Der vierhundertjährige Abstand zwischen nordischen Runen und Galdrastafir legt nahe, dass ihre Verbindung zueinander eher imaginär als real ist.

Es gibt jedoch eine Ausnahme, und zwar den Ægishjálmur, den Schreckenshelm, der in der *Lieder-Edda* erwähnt wird, einer Zusammenstellung früher Heldendichtungen aus dem dreizehnten Jahrhundert, in der im Fáfnismál (Lied von Fafnir) erzählt wird, wie der Held Sigurd den Drachen Fafnir erschlägt und in den Besitz des Schreckenshelms gelangt, der allerdings kein auf dem Kopf getragener Helm ist, sondern vielmehr eine Art Schutzaura bildet, die ihm ermöglicht, seine Feinde zu besiegen. Die anderen auf der gegenüberliegenden Seite abgebildeten Stäbe dienen als Schutz- oder Glücksamulette eher bescheideneren Zwecken. Die beiden Galdrastafir Gapaldur und Ginfaxi sollten in die Schuhe gelegt werden, wobei das erste Zeichen unter der rechten Ferse und das zweite unter den Zehen des linken Fußes platziert wurden, um dem Nutzer Erfolg im Ringkampf zu gewähren.

GINFAXI
Erfolg im Ringkampf

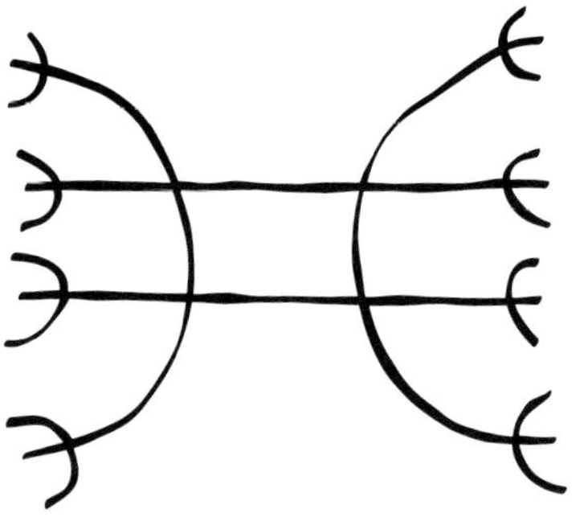

GAPALDUR
Erfolg im Ringkampf

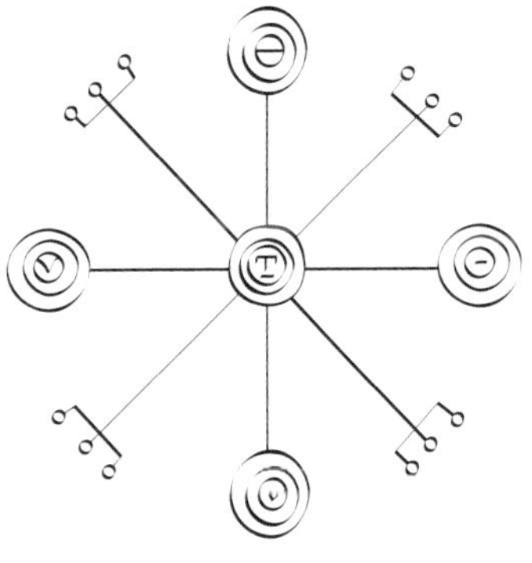

VELÖSTAFUR
Glück beim Fischfang

ÞJÓFASTAFUR
Schutz vor Dieben

ÆGISHJÁLMUR
Der Helm des Schreckens

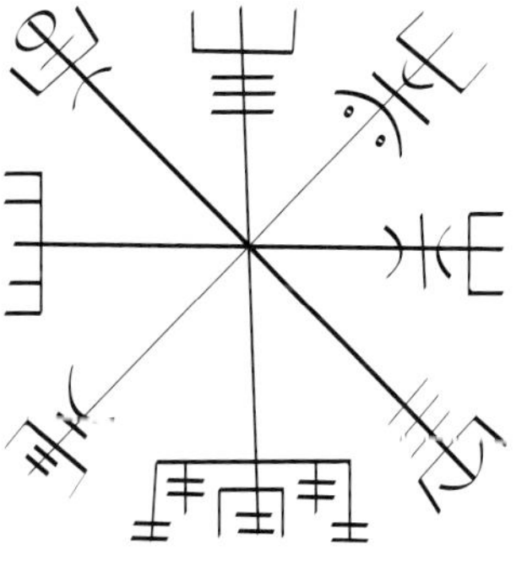

VEGVISIR
Schutz vor schlechtem Wetter

ADINKRA

Die Adinkra-Motive, die auf den in Massen hergestellten Textilien aus der Aschanti-Region Ghanas verwendet werden, haben ihren Ursprung in Mustern, die für den exklusiven Gebrauch der Könige von Gyaman in der benachbarten Elfenbeinküste gedacht waren. Als das Königreich der Aschanti Gyaman eroberte, eigneten sich die Könige die Herstellung und Nutzung der Adinkra-Stoffe an. Die Motive sind nicht bloß dekorativ, sondern bilden ein „Alphabet" aus Symbolen, die für Aphorismen über die Königsfamilie und das Alltagsleben stehen, manchmal humorvoll und manchmal in Form von Schutzamuletten.

Britische Leser werden mit dem System der Hoflieferanten vertraut sein, das es einem Unternehmen erlaubt, auf seinen Produkten das königliche Gütesiegel „Königlicher Hoflieferant" zu benutzen. Die Adinkra-Stoffmuster besitzen noch ein weiteres Gütesiegel, das sie nämlich nicht nur von Mitgliedern des Königshauses getragen werden, sondern auch von einer königlichen Person entworfen wurden. Der Herrscher des Königreichs Gyaman im achtzehnten Jahrhundert, Nana Kwadwo Agyemang Adinkra, entwickelte die Stoffmotive und bezeichnete sie mit seinem Namen. Als die in Gyaman eindringenden Aschanti den König und seine Thronfolger zwangen, die Geheimnisse der Stoffherstellung und muster preiszugeben, übernahmen sie diese für ihre eigene Königsfamilie.

Die Adinkra-Motive an sich wurden nicht von König Nana Kwadwo erfunden, sondern wurden bereits auf Töpferwaren angewandt, goldenen zeremoniellen Ornaten und geschnitzten Holzstühlen, die in dieser westafrikanischen Region als Herrschaftssymbole gelten. Er schuf Adinkra-Textilien für seinen persönlichen Gebrauch bei wichtigen Staatsangelegenheiten, aber auch hochrangige Mitglieder seines Hofstaats ließen ihre Gewänder entsprechend fertigen. Die Muster waren anfänglich wesentlich gedämpfter als die für heutige Adinkra-Textilen charakteristischen farbenfrohen Designs.

Königliche Gyaman-Adinkra-Kleidung wurde mit Handstempeln aus Kalebasse in monochromen Tinten versehen, die man aus Baumwurzeln und -rinden gewann und je nach Zeremonie oder Rolle des Trägers auf einfarbige rote, dunkelbraune und schwarze Stoffe druckte. Ein frühes Exemplar, das ein britischer Besucher anfangs des neunzehnten Jahrhunderts erwarb, weist sechzehn Felder mit Adinkra-Symbolen auf, die in Schwarz auf den einfarbigen Hintergrund eines Trauergewands gedruckt waren, das der König bei Bestattungen trug.

Die auf der gegenüberliegenden Seite gezeigten Motive bieten einen Überblick über die Mischung aus Schutzsymbolen, die alltäglich auf traditionellen Adinkra-Geweben zu sehen sind.

Eine Auswahl moderner farbenfroher ghanaischer Kente-Stoffe, die mit Adinkra-Motiven bedruckt sind.

ADINKRA

ABAN
Dem König vorbehalten

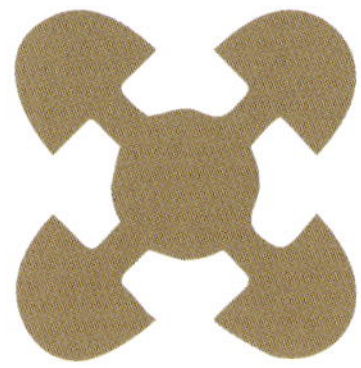

AKOMA NTOASO
Verbundene Herzen

BI NNKA BI
Verletze niemand anderes

DAME DAME
Intelligenz und Einfallsreichtum

HYE WO NHYE
Der Brandstifter wird nicht verbrannt

MUSUDEYIDIE
Zur Abwehr von Bösem

NKONSONKONSON
Fesseln oder Handschellen

GYE NYAME
Für Gott allein

NKOTIMSEFUOPUA
Die Haartracht der Hofdamen

NSIREWA
Kaurismuschel
(als Währung benutzt)

NSOROMA
Gotteskind

MASIE
Vertrauen bewahren

NYAME DUA
Altar zum Himmelsgott

NYAME NWU NA MAWU
Möge Nyame vor
mir sterben

OHEN' TUO
Die Waffe des Königs

SANKOFA
Lerne aus der
Vergangenheit

NKYIMKIM
Verdrehtes Seil

SEPOW
Einen verurteilten Mann
daran hindern, den König
zu verfluchen

CHINESISCHE ORAKEL-KNOCHENSCHRIFT

Die früheste Form chinesischer Weissagung reicht zurück bis in die Shang-Dynastie, die in der späteren Hälfte des zweiten Jahrtausends v. Chr. den Nordosten Chinas beherrschte. Die als „Orakelknochen-Divination" bezeichnete Praktik verdankt ihren Namen der Anwendung von Tierknochen und Schildkrötenpanzern, auf deren polierten Oberflächen Wahrsager Fragen in einer Schrift einritzten oder mit Farbe auftrugen, die erkennbar der Vorläufer der ideografischen Schriften ist, die noch heute in China, Japan und Korea benutzt werden.

Anders als die mit dem *I Ging* verbundene eher demokratische Weissagungsmethode, die auch heute noch in China weit verbreitet ist, wurde die Orakelknochen-Divination im ersten Jahrtausend v. Chr. aufgegeben. Ihren Höhepunkt hatte sie im zweiten Jahrtausend v. Chr., allerdings war ihre Nutzung damals nur den höchsten Rängen der Shang-Dynastie vorbehalten, dem Herrscher selbst und den Mitgliedern der Königsfamilie. Ihre Abschaffung beruhte teilweise auf der Komplexität der Methode und der Materialkosten für ihre Durchführung, für die die Schulterknochen ausgewachsener Ochsen und die Panzer von Schildkröten benötigt wurden, wobei Letztere Tribute waren, die Vasallenstaaten dem Shang-Herrscher entrichteten. Obwohl das Alte China eine Hochkultur war, ist es dennoch sehr wahrscheinlich, dass während der Shang-Dynastie nur Mitglieder des königlichen Hofs und seine Schreiber sowie ritulalkundige Personen die Muße oder das Bedürfnis hatten, das Schreiben und Lesen zu erlernen.

Um ein Orakel durchzuführen, mussten die Knochen oder Panzer präpariert werden. Nach dem Abschaben des Fleischs und einer glättenden Politur wurden etliche regelmäßige Reihen von Löchern oder Vertiefungen in die Oberfläche gebohrt, die abschließend mit Blut eingerieben und dem Datum der Zeremonie versehen wurde. Das eigentliche Orakel konnte nun beginnen. Das Thema des Orakels wurde auf den Panzer oder Knochen geritzt oder bisweilen mit Pinsel und Tinte geschrieben, wobei eine besondere Orakelschrift eingesetzt wurde.

Die Themen behandelten persönliche Angelegenheiten des Herrschers und seiner Familie, etwa Krankheit und Tod, aber auch solche des Staats. Eine der häufigsten Fragen betraf den korrekten Ablauf, um die Rituale zu Ehren der Ahnen zu begehen. An diesem Punkt setzte der Wahrsager oder der Herrscher selbst eine Hitzequelle, beispielsweise ein erhitztes Stück Metall, in die Löcher, wodurch der eingeritzte Knochen oder Panzer Risse erhielt. Die Muster der Risse, die Orakelschriftbuchstaben ähnelten, gaben Antworten auf die Divination, obwohl nicht bekannt ist, wie sie gedeutet wurden.

Auf einem Schildkrötenpanzer eingeritzte Orakelknochenschrift (Shang-Dynastie, um 1766–1122 v. Chr.).

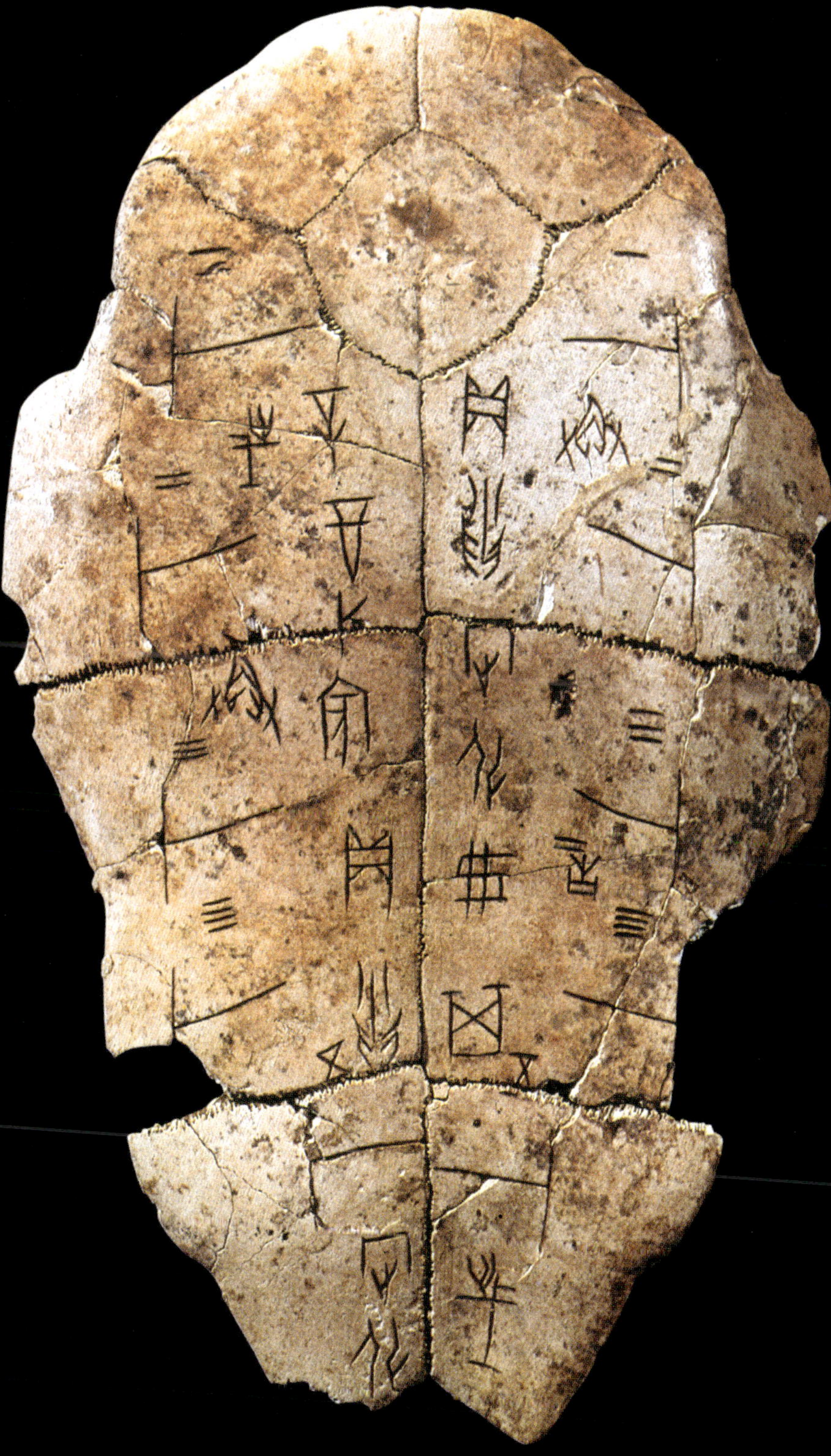

AUF ORAKELKNOCHEN BENUTZTE SYMBOLE

OBEN

UNTEN

STÄRKE

MITTE

ERSTER

HELL

FLEISCH

WEGGEHEN

MESSER

AUCH

GUT

SCHWEIN

KUH

PFERD

SCHILD-KRÖTE

VOGEL

HUHN

PHÖNIX

FISCH

KANINCHEN

ELEFANT

TIGER

DRACHE

EINS

ZWEI

DRFI

VIER

FÜNF

SECHS

SIEBEN

ACHT

NEUN

ZEHN

HUNDERT

EINTAUSEND

ZEHNTAUSEND

RONGORONGO

Als die Europäer erstmals 1722 Rapa Nui (Osterinsel) erreichten, waren sie von den kolossalen *Stein-Moai* ebenso fasziniert wie verwundert und fragten sich, wie die verarmte Bevölkerung einiger tausend Seelen sie auf einer trostlosen, unwirtlichen Insel errichtet hatte. Die Europäer brachten nichts als Katastrophen auf die Insel. Krankheiten, Bürgerkriege, Versklavungen und Überfälle von Walfängern dezimierten die Einwohnerzahl um das Jahr 1860 auf 111. Alle, die wussten, wie man die einzige jemals von Polynesiern geschaffene Schrift Rongorongo lesen musste, starben, ehe sie das Geheimnis preisgeben konnten.

Es wäre zu einfach, den Europäern die Alleinschuld an der beinahen Auslöschung der Rapanui zuzuweisen, waren sie doch selbst mitverantwortlich für ihren Untergang. Die Handvoll polynesischer Seemänner, die um 1200 die Insel besiedelte, stieß auf ein üppig bewaldetes, tierreiches Paradies – eine perfekte Heimat für erschöpfte Reisende, die 2.000 Meilen gesegelt waren, um dort anzulanden. Sie beschlossen, sich niederzulassen, und wurden im wahrsten Sinne des Wortes Opfer ihres Erfolgs. Sie entwickelten die außergewöhnliche Kultur, die die gewaltigen Stein-Moai formte und das einzige polynesische Schriftsystem Rongorongo hervorbrachte.

Aufgrund einer stetigen Bevölkerungszunahme begannen die Rapanui, die endlichen Ressourcen der Insel auszubeuten, indem sie die einheimischen Tiere ausrotteten und die Böden verkümmern ließen. Da es keine Bäume mehr gab, konnten sie keine seetauglichen Schiffe bauen und so wurde die Insel zu ihrem Gefängnis. Die Ankunft europäischer Entdecker im 18. Jahrhundert und die feindseliger Walfänger sowie peruanischer Sklavenhändler im 19. Jahrhundert beschleunigte lediglich den Zerfall einer einst blühenden, lebendigen Kultur.

Im 20. Jahrhundert erholte sich die Bevölkerung wie auch die Wirtschaft wieder, vor allem dank des erstarkenden Tourismus während der letzten Jahre. Ihre traditionelle Kultur und die Geheimnisse der Rongorongo-Glyphen verschwanden jedoch zusammen mit den Stammeshäuptlingen und ritualkundigen Personen der Rapanui, sodass Anthropologen, Archäologen und Historiker ihre Geschichte, Kultur und Rongorongo-Schrift rekonstruieren mussten.

Oben: Vogelmann-Petroglyphe in Orongo, Osterinsel.

Gegenüber: Moai, die gewaltigen, aus Vulkangestein gehauenen Statuen, die an wichtige Rapanui-Häuptlinge erinnern sollen.

RONGORONGO

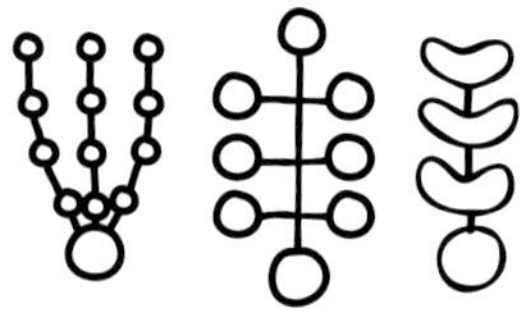

VERSCHIEDENE PFLANZEN

FREGATTVOGEL

SEESCHILDKRÖTE

RAUPE

WINKEL

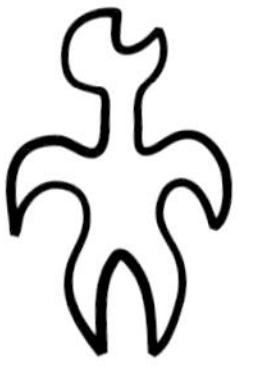

STEHENDER MANN

SITZENDER MANN BEIM ESSEN

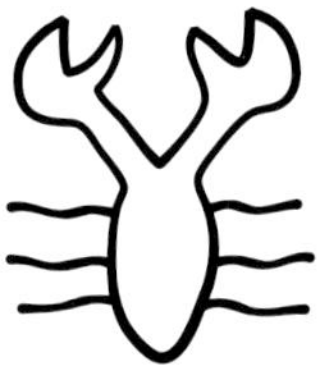

KREBS

RAUTEN

PALME

FISCH

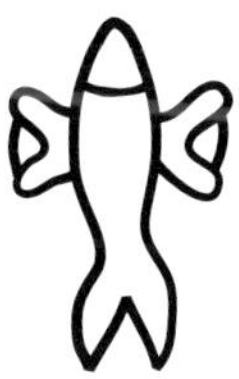

FLIEGENDER FISCH

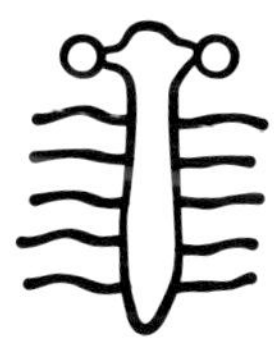

HUNDERTFÜSSLER

KREIS

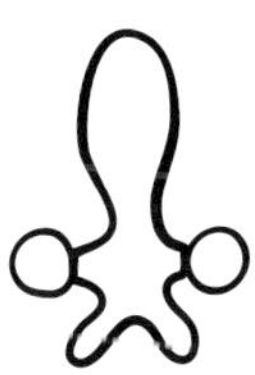

TINTENFISCH

KREUZ

MAYA-GLYPHEN

Die Maya der klassischen Zeit schufen das ausgeklügelteste System des mesoamerikanischen Kalenders und das in ganz Nord- und Südamerika einzige echte aus Zeichen oder Glyphen bestehende Schriftsystem, die sie beide miteinander kombinierten, um gewaltige Sammlungen von Codices zur Geburtshoroskopie und Weissagung zu erstellen. Im sechzehnten Jahrhundert wurden die meisten ihrer Aufzeichnungen von den spanischen Konquistadoren in der Absicht verbrannt, die Kultur und Religion der Maya auszulöschen. Glücklicherweise misslang es ihnen, sodass die Maya ihre traditionellen Vorstellungen und divinatorischen Praktiken bewahren konnten.

Die Maya besiedelten während ihrer klassischen Epoche zwischen dem dritten und zehnten Jahrhundert n. Chr. Mesoamerika und waren von zwei Obsessionen getrieben: Blut und Zeit. Sie glaubten nämlich, dass die Götter ohne Opferblut stürben und der Kosmos zerstört würde. Im Gegensatz zu den Azteken Mexikos, die eine eher demokratische Haltung zu Menschenopfern einnahmen, waren die Maya fest davon überzeugt, dass die Götter königliches Blut bräuchten. Die Maya waren weniger friedliebende, glückselige Astronomen als vielmehr Krieger, die einen ständigen Vernichtungskrieg um die begrenzten Ressourcen führten, wobei die knappste von allen das Blut königlicher Gefangener war. Der Zeitpunkt der Rituale und Opferungen war entscheidend, weshalb ein präziser Kalender benötigt wurde.

Die Maya maßen wie besessen die Zeit, weil sie dachten, sie sei zyklisch, das heißt, dass sich Ereignisse in der Vergangenheit unvermeidlich in der Zukunft wiederholen würden, wobei nicht kurzfristige Abstände gemeint waren, also einige Wochen, Monate oder Jahre, sondern riesige Zeitspannen, die weit in die entfernte Vergangenheit zurückreichten und sich ebenso weit voraus in die ferne Zukunft erstreckten. Ein solcher Zyklus begann gemäß „langer Zählung" der Maya im Jahr 3114 v. Chr., dem Datum der Erschaffung des aktuellen Zeitalters der Welt, und endete am 21. Dezember 2012, an dem sich den Prophezeiungen einiger Okkultisten zufolge eine Katastrophe ereignen sollte, die den Weltuntergang herbeiführen würde. Trotz des pseudowissenschaftlichen und Hollywoodrummels leben wir nach dem vorhergesagten Inferno hier noch immer gesund und munter.

Der Maya-Kalender wurde zudem für die Geburtshoroskopie angewandt (siehe Seite 30). Der 260-tägige rituelle *Tzolkin*-Kalender bestand aus dreizehn Runden zu je zwanzig Tagen, von denen jeder Tag durch einen der vier Hüter der Kardinalpunkte beherrscht wurde, und zwar Kan (gelb), Muluk (weiß), Ix (schwarz) und Kawak (rot). Jeder Tag wurde durch eine Glyphe (oder ein Ideogramm) dargestellt, die wie die Zeichen der westlichen Astrologie und die Tiersymbole des chinesischen Tierkreises mit bestimmten Eigenschaften verbunden war. Die kreisförmige Art der Periodisierung der Maya-Zeit bedeutete, dass der Kalender auch benutzt werden konnte, um den Lebenslauf eines Menschen vorherzusagen.

IMIX,
DAS KROKODIL
Fürsorge, Osten

IK,
DER WIND
Vielseitigkeit, Norden

AKBAL,
DAS HAUS
Sicherheit, Westen

KAN,
DIE EIDECHSE
Übergang, Süden

CHICCAN,
DIE SCHLANGE
Verwandlung, Osten

KIMI,
TOD
Tradition, Norden

MANIK,
DER HIRSCH
Beziehungen, Westen

LAMAT,
DER HASE
Abenteuer, Süden

MULUK,
WASSER
Gefühl, Osten

MAYA-GLYPHEN

OK, DER HUND
Treue, Norden

CHUWEN,
DER AFFE
Neugier, Westen

EB, GRAS
Heilung, Süden

BEN,
SCHILF
Kommunikation, Osten

IX,
DER JAGUAR
Stärke, Norden

MEN,
DER ADLER
Weitblick

KIB,
DER GEIER
Realismus, Süden

KABAN,
DAS ERDBEBEN
Bewegung, Osten

ETZNAB,
DAS FEUERSTEIN-
MESSER
Entscheidung, Norden

KAWAK,
DER REGEN
Erneuerung, Westen

AJAW,
DIE BLUME
Erfüllung, Süden

4

OKKULTE WISSENSCHAFTEN

In der Frühen Neuzeit glaubten die Menschen, dass sie den Zweck des Kosmos durch die Entdeckung des verborgenen Wissens verstehen könnten, das in der Natur verschlüsselt war. Die Techniken, die sie entwickelten, um den Code zu knacken, sollten zu den okkulten Wissenschaften der Alchemie, Numerologie, Geomantie und Heiligen Geometrie führen.

Neugier ist eine Eigenschaft, die wir zwar mit allen Primaten teilen, dennoch macht sie den Menschen zur erfolgreichsten Spezies im Tierreich, sogar dann, wenn sie Vorsicht, Furcht und den gesunden Menschenverstand übertrumpft. Prähistorische Höhlenkunst lässt darauf schließen, dass unsere entfernten Vorfahren Magie nutzten, um ihr Jagdglück zu beschwören, von dem ihr Überleben abhing. In dem Maße, in dem Menschen sesshaft wurden und ihre Gemeinschaften immer komplexer, stiegen auch ihre Bemühungen, die Welt durch Rituale und Magie zu beherrschen. Diese Versuche führten auf verschiedenen Wegen zu den in diesem Kapitel behandelten okkulten Wissenschaften.

Menschen waren zu allen Zeiten bestrebt, die Welt zu verstehen und die Grundfragen des Daseins zu beantworten. Sie haben dieses Wissen nicht um seiner selbst willen verfolgt, sondern um ihr Schicksal in einer gefährlichen und unsicheren Welt zu beeinflussen. Was als magische Rituale unserer nomadischen Sammler-und-Jäger-Vorfahren begann, die den Herden der Pflanzenfresser folgten, weil sie ihre Nahrungsgrundlage bildeten, entwickelte sich zu den ausgeklügelten Ritualen und magischen Praktiken sesshafter urbaner Gemeinschaften. Der Überschuss, den der Ackerbau hervorbrachte, ermöglichte die Entstehung einer Klasse ritualkundiger Personen, die Mittler zwischen den Göttern und der Menschheit waren und sich mit den magischen Künsten der Medizin und Metallurgie beschäftigten.

Gilgamesch, der Held des gleichnamigen sumerischen Epos, war der allmächtige König von Uruk, als er sich aufmachte, um die einzige Sache zu suchen, die ihm die Götter versagt hatten – das Geheimnis der Unsterblichkeit. Sein unvermeidliches Scheitern und die ihm erteilte Lektion, sich mit dem Tod abzufinden, hinderte weder chinesische, indische, arabische noch westliche Alchemisten daran, sich auf dieselbe vergebliche Suche zu begeben, die häufig tödliche Folgen für sie selbst und ihre königlichen Gönner hatte.

Um eine zunehmend komplexer werdende Welt zu beherrschen, muss man sie zunächst begreifen. Im vorhergehenden Kapitel wurde gezeigt, wie die Erfindung der Schrift neue Möglichkeiten schuf, die Welt zu beschreiben und zu formen, was wiederum das Aufkommen einer textbasierten Magie begünstigte. Dieses Kapitel befasst sich damit, wie Menschen die okkulten Wissenschaften anwandten, um die in der Natur und natürlichen Phänomenen verborgenen Codes zu entschlüsseln.

Alchemisten bei ihrer Arbeit im Laboratorium, das mit den im Mittelalter und der Frühen Neuzeit benutzten Werkzeugen und Apparaturen ausgestattet ist.

ALCHEMIE

Die frühesten Zeugnisse der Alchemie finden sich im protowissenschaftlichen Korpus von Schriften, die sich mit der Erzeugung und dem Schmelzen von Metallen sowie der Herstellung von Legierungen und Arzneien befassten. Obwohl die Alchemie mit der Technologie, Medizin und Wissenschaft bis ins achtzehnte Jahrhundert hinein verbunden blieb, war ihre westliche Ausprägung im Mittelalter und in der Renaissance sowohl die einer magischen okkulten Wissenschaft, die die Umwandlung von Basismetallen in Gold und die Schöpfung eines Elixirs der Unsterblichkeit verfolgte, als auch die einer spirituellen Disziplin, deren Ziele die Verwandlung der Seele und ihre Vereinigung mit dem Göttlichen durch die Beherrschung geheimer Kenntnisse waren.

Im Altertum gab es drei Haupttraditionen der Alchemie: in China, Indien und im griechisch-römischen Nahen Osten. Auch wenn ihre Kulturen durch das als „Seidenstraße" bekannte Handelsnetz miteinander verknüpft waren, blieben sie unabhängig voneinander, was aus ihren verschiedenen Ansätzen zu den elementaren Bestandteilen der Natur und zur menschlichen Anatomie ersichtlich wird. Was sie jedoch einte, war ein gemeinsames Interesse an Metallurgie und Medizin, den beiden Hauptbetätigungsfeldern in allen drei Traditionen.

Am Ende der Antike entwickelten sich die chinesische und indische Alchemie ununterbrochen weiter, während in der islamischen Welt ein neuer Anstoß durch die Eroberung Ägyptens und des Nahen Ostens im siebten Jahrhundert erfolgte. Die islamische Alchemie (Arabisch *al-kimiyah*) übernahm die philosophischen, wissenschaftlichen und alchemistischen Werke des hellenistischen Ägypten. Islamische Alchemisten systematisierten die Praxis der Alchemie und betonten die Bedeutung von praktischen Experimenten zur Untermauerung von Theorien, was mit der Zeit die Grundlage der modernen wissenschaftlichen Methode bildete.

Die Alchemie gelangte im Laufe des zwölften Jahrhunderts über das islamische Spanien ins westliche Christentum, wo der alchemistische Korpus mit der jüdischen kabbalistischen Tradition verschmolzen wurde, die geheimes Wissen in der Bibel suchte, um eine spirituelle Vereinigung mit dem Göttlichen zu erreichen, die nicht allein durch die vorgeschriebenen Ritualhandlungen erlangt werden konnte. Diese Interpretation wurde anfänglich von der katholischen Kirche begrüßt, die Auffassungen spiritueller Alchemie zusammen mit der Suche nach dem Stein der Weisen unterstützte, der die Eigenschaften besitzen sollte, Basismetall in Gold zu verwandeln und Unsterblichkeit zu verleihen. Im siebzehnten Jahrhundert wandte sich die Kirche jedoch gegen die Alchemie und trieb sie in den Untergrund. Mit ihrer endgültigen Trennung von der Wissenschaft während der Aufklärung wurde die Alchemie die Domäne der Okkultisten, die sie einerseits als pseudowissenschaftliches Mittel praktizierten, um die physikalische Welt zu beeinflussen, und andererseits als eine Praktik spiritueller Transformation ausübten, die die christlichen Lehren ablehnte.

HERMES TRISMEGISTOS

Der angebliche Begründer der Alchemie, der mit dem griechischen Gott Hermes und dem ägyptischen Gott Thot assoziiert wurde.

DER HERMESSTAB

Symbol des griechischen Gottes Hermes und der westlichen Alchemie.

CHINESISCHE ALCHEMIE

Es ging in der taoistischen Alchemie nicht um die Umwandlung von Basismetallen in Gold, sondern vielmehr um die Entwicklung von Arzneien und die Suche nach dem Elixier der Unsterblichkeit, das allerdings die Anwendung von Metallen, vor allem Quecksilber, erforderte. Man unterteilte die Alchemie in eine äußere (*Waidan*), die Substanzen außerhalb des menschlichen Körpers benutzte, und eine innere (*Neidan*), die Praktiken innerhalb des Körpers wie Atemtechniken und Meditation einsetzte, um die Lebenskraft *Qi* zu aktivieren. Weidan-Elixiere der Unsterblichkeit waren oft tödlich, weil sie aus toxischen Substanzen bestanden. Der erste Kaiser Chinas, Qin Shihuangdi, der von Unsterblichkeit besessen war, soll durch die Einnahme eines aus Quecksilber und pulverisierter Jade hergestellten Elixiers wahnsinnig geworden und schließlich daran gestorben sein. Die chinesische alchemistische Tradition bildet dennoch die Grundlage für viele traditionelle chinesische Behandlungsmethoden wie Kräuterheilkunde und Akupunktur.

DAOISTISCHER MÖNCH

Ein daoistischer Mönch aktiviert sein Qi im Unterbauch oder *Dantian*, um körperliche und spirituelle Unsterblichkeit zu erlangen.

INDISCHE ALCHEMIE

Der Ursprung der indischen Alchemie liegt in der hoch entwickelten Metallurgie des Alten Indien, wo man jahrhundertelang Eisen und Stahl von hoher Qualität herstellte, ehe dies auch in Europa erfolgreich gelang. Wie in der chinesischen, islamischen und westlichen Alchemie spielte Quecksilber auch in Indien eine zentrale Rolle, die in dem sanskritischen Begriff für Alchemie *Rasasastra* zum Ausdruck kommt, was so viel wie „Wissenschaft des Quecksilbers" bedeutet. Die Faszination, die von dem Metall ausging, lässt sich mit den ungewöhnlichen Eigenschaften von Quecksilber erklären, das bereits bei niedrigen Temperaturen flüssig ist. Im traditionellen Ayurveda wurden toxische Substanzen wie Quecksilber oder Arsen als Heilmittel verabreicht, allerdings mit vorhersehbaren negativen Folgen. Eine Neufassung der ayurvedischen Pharmakopöe (Arzneibuch), die die Gifte nicht mehr enthält (zumindest im Westen), folgt weiterhin den auf Rasasastra beruhenden traditionellen Grundsätzen.

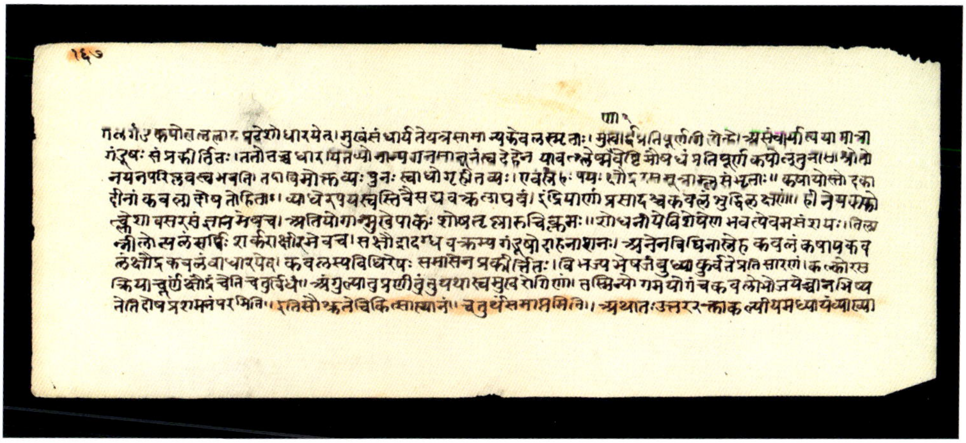

SANSKRIT

Eine Seite aus dem sanskritischen Werk *Sushruta Samhita*, das die Grundlagen der ayurvedischen Medizin darstellt.

ISLAMISCHE ALCHEMIE

Die islamische Alchemie übernahm den griechisch-ägyptischen alchemistischen Korpus, als arabische Heere im 7. Jahrhundert n. Chr. Ägypten eroberten. Obwohl das hellenistische Ägypten jahrhundertelang vor der muslimischen Besetzung Teil des christlichen Byzantinischen Reiches war, blickten seine Alchemisten zurück auf die heidnische pharaonische Vergangenheit und die weit fortgeschrittene Metallurgie und Alchemie, deren Entwicklung sie der altägyptischen Priesterschaft zuschrieben. Der wesentliche Beitrag islamischer Gelehrter betraf die Systematisierung von Theorie und Praxis der klassischen Alchemie.

Der Islam adaptierte einen verworrenen Korpus griechischer philosophischer, pythagoreischer, alchemistischer und gnostischer Schriften aus den ersten nachchristlichen Jahrhunderten, die nach seinem vermeintlichen Autor, dem mythischen Hermes Trismegistos, als *Corpus Hermeticum* bezeichnet wurden. Man hielt ihn für einen Zeitgenossen von Moses und identifizierte ihn mit dem altägyptischen Gott der Weisheit Thoth und dem griechischen Götterboten Hermes, dessen Stab das westliche Symbol der Alchemie wurde.

Der Begriff „Alchemie" taucht erstmals als *Al-Kimiyah* im 10. Jahrhundert n. Chr. auf. Schon bald nach der Eroberung Ägyptens regte Prinz Chalid ibn Yazid (im Westen auch als Khalid bekannt) die Übersetzung des *Corpus Hermeticum* ins Arabische an, um die Texte islamischen Gelehrten zugänglich zu machen. In den folgenden zwei Jahrhunderten systematisierten Dschābir ibn Hayyān und Abū Bakr Muhammad bin Zakaryā ar-Rāzī, die im Westen unter ihren Namen Geber und Rhazes geläufig sind, rückblickend das Studium und die Praxis der Alchemie. Geber erläuterte, dass Al-Kimiyah auf einer gut fundierten wissenschaftlichen Grundlage die verwirrenden griechisch-ägyptischen Theorien mit laborbasierten Experimenten testen müsse, deren Ergebnisse dann dupliziert werden könnten. Trotz Gebers pseudowissenschaftlicher Ziele hat man ihm wegen seines systematischen Ansatzes und seiner Forschungen den Titel „Vater der Chemie" verliehen.

Al-Kimiyahs Errungenschaften beruhen auf einer typischen alchemistischen Mischung aus praktischen Entdeckungen, etwa der von *Aqua Regia*, einem wirkmächtigen Gemisch aus Salz- und Salpetersäure, das Metalle wie Gold, Platin und Quecksilber lösen konnte, und aus pseudowissenschaftlichen Theorien, zum Beispiel der Paarung von Eigenschaften wie warm, kalt, feucht und trocken mit den vier klassischen Elementen, deren Beeinflussung die Umwandlung von Basismetallen in „edle" ermöglichen sollte. Dies schuf die Voraussetzung für die Suche nach dem Heiligen Gral westlicher Alchemie, dem Stein der Weisen, einer hypothetischen Substanz, die Unsterblichkeit gewähren und die Transmutation von Basismetallen in Gold oder Silber bewirken sollte.

Darstellung von Dschābir ibn Hayyān, auch bekannt als Geber, in einer Handschrift aus dem 15. Jh.

lutio fit: tertium
materia lapidis:
phus:
RIOVRABETI

ALCHEMIE IN MITTELALTER & RENAISSANCE

Die Alchemie, die trotz ihres islamischen Ursprungs zunächst von der katholischen Kirche begrüßt wurde, hatte sich im dreizehnten Jahrhundert als christliche Praktik fest etabliert. Die wohlwollende Haltung der Kirche währte jedoch nicht lang. Die Herausforderungen durch den aufkommenden Renaissance-Humanismus und die protestantische Reformation veranlassten die Kirche, gegen heterodoxe Vorstellungen und Praktiken vorzugehen. Die Alchemie wurde aufgrund ihrer Verbindungen zur Magie und Astrologie und des Verdachts der Scharlatanerie geächtet, Alchemisten wurden eingekerkert und als Ketzer verbrannt und die entstehenden wissenschaftlichen Institutionen distanzierten sich während der Aufklärung von ihren alchemistischen Anfängen.

Die ersten fünf Jahrhunderte nach der Einführung der Alchemie in Westeuropa über das muslimische Spanien waren von einem Dreikampf zwischen Religion, Wissenschaft und Okkultismus über das innere Wesen der Alchemie geprägt. Die mittelalterliche Kirche war allein für das Gelehrtentum zuständig und unterstützte das Studium alchemistischer Werke, die aus dem Arabischen übersetzt worden waren. Zu einer Zeit, als Divination und Astrologie nicht im Widerspruch zu den kirchlichen Lehren standen, wurde die Alchemie ohne Weiteres toleriert. Dies führte zur Entstehung der christlichen und kabbalistischen Traditionen, wobei Letztere sich aus den angeblichen Schriften des legendenhaften Hermes Trismegistos entwickelte (siehe Seite 230). Sie verknüpften die Suche nach dem Stein der Weisen und allheilenden Wundermittel mit einer spirituellen Alchemie christlicher Erlösung.

Als sich die katholische und die protestantische Kirche gegen die Alchemie wandten, zogen sich Praktiker in die Sicherheit von Geheimgesellschaften zurück, in denen sie ihre Kunst im Wesentlichen unbehelligt lehren und durchführen konnten. Naturforscher, Astronomen und Mediziner, die einst ihre Heimat in der alchemistischen Tradition hatten, sagten sich im achtzehnten Jahrhundert von der Alchemie los, um ihre eigenen Gelehrtengesellschaften zu gründen und die Beschäftigung mit pseudowissenschaftlicher Alchemie Okkultisten und Scharlatanen zu überlassen.

Die Alchemie teilte viele ihrer Symbole mit der Astrologie, was die enge Verbindung der beiden Pseudowissenschaften verdeutlicht. Die Symbole stellen nicht nur ein praktisches Zeichensystem dar, sondern sie wurden auch benutzt, um alchemistische Geheimnisse zu bewahren und um der Alchemie die Fassade okkulten Wissens zu verleihen. Als Antwort auf diesen bewussten Obskurantismus schufen Wissenschaftler völlig neue Zeichensysteme für die Chemie, Physik und Mathematik.

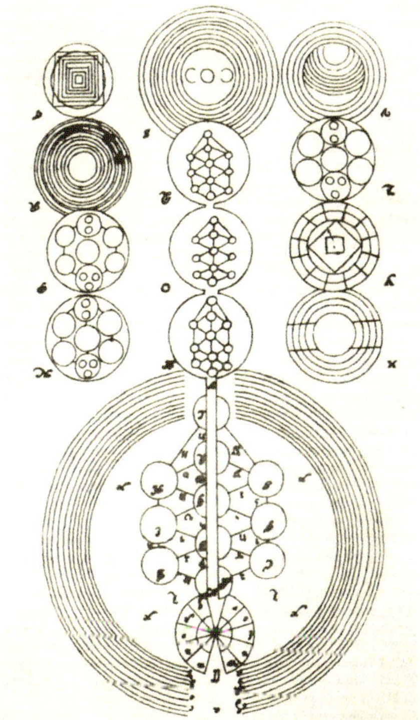

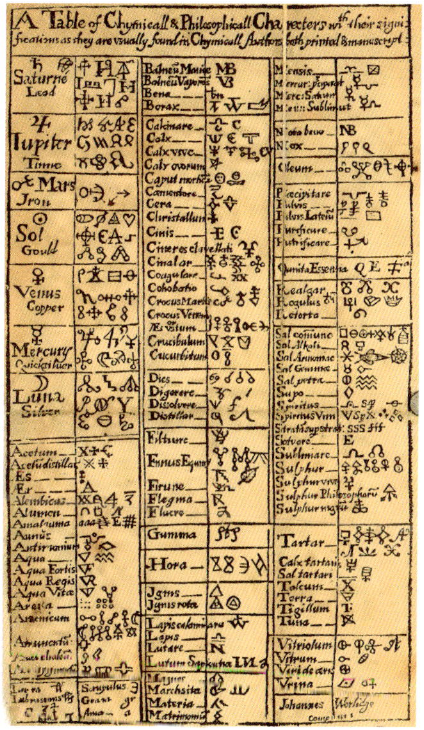

DIE *SEPHIROTH*

Die Sephiroth (Emanationen) aus der *Kabbala Denudata* des Christian Knorr von Rosenroth (1636–1689), einer Zusammenstellung ins Lateinische übersetzter Texte aus der jüdischen Kabbala.

ALCHEMISTISCHE SYMBOLE

Tabelle alchemistischer Symbole aus der Schrift *Letztes Testament und Offenbahrung*, die dem im 16. Jahrhundert tätigen deutschen Mönch Basilius Valentinus zugeschrieben wird (möglicherweise ein Pseudonym).

DIE VIER KLASSISCHEN ELEMENTE

Es bestand unter den alten Griechen keine Einigkeit über die Anzahl und Art der klassischen Elemente. Die fünf in Kapitel 2 (Seite 36) genannten Elemente stellen die aristotelische Theorie der Materie dar, die weder in der Antike noch im Mittelalter allgemein anerkannt war. Aristoteles' Lehrer Platon bevorzugte vier Elemente, die er mit Farben, Qualitäten und den heiligen geometrischen als Platonische Körper bekannten Formen verknüpfte. Der im fünften Jahrhundert tätige Demokrit war der Auffassung, dass Materie aus verschiedenen Arten von „Atomen" zusammengesetzt sei, die jedoch zu klein seien, um sie mit bloßem Auge erkennen zu können, was dem modernen Verständnis der chemischen Elemente viel näher kam.

FEUER

Rot oder Orange, männlich, warm und trocken. Rot ist die Farbe des Bluts, die mit männlicher Aggression assoziiert wird.

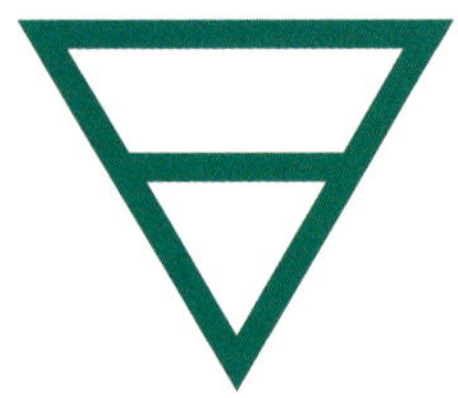

ERDE

Grün oder Braun, kalt und trocken. Die Farben des Bodens und der Vegetation werden damit verknüpft.

LUFT

Blau, weiblich, warm und feucht. Das nach oben weisende Dreieck deutet die aufsteigende Qualität der Luft an.

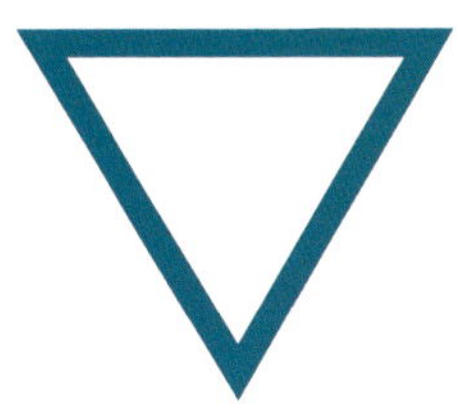

WASSER

Blau, weiblich, kalt und feucht. Das umgedrehte Dreieck spiegelt die absteigende Eigenschaft des Wassers wider.

TRIA PRINCIPIA

Im achten Jahrhundert fügte der islamische Alchemist Geber den vier klassischen Elementen zwei neue hinzu, Mercurius und Sulphur, jeweils Symbole der Eigenschaften von Metall und Entflammbarkeit. Der im 16. Jahrhundert aktive Schweizer Alchemist und Arzt Paracelsus ergänzte noch eine dritte neue Substanz, Sal (Salz), und schuf so das Konzept der drei Prinzipien, *Tria Principia*, denen er alle Krankheitsursachen und die Heilung aller Erkrankungen zuwies. Er beschrieb Sulphur, Mercurius und Sal nicht selber als Elemente, sondern als drei metallische Prinzipien, die auf die vier klassischen Elemente einwirken würden und sowohl chemische als auch spirituelle Eigenschaften besäßen.

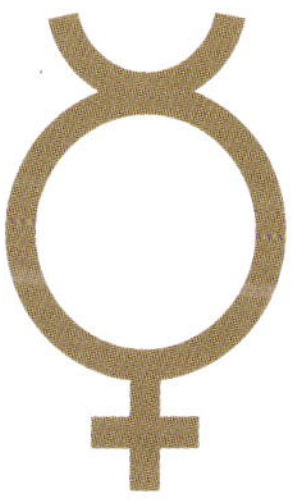

MERCURIUS

Das Symbol des Planeten Merkur und des metallischen Mercurius (Quecksilber) verkörpert Flüchtigkeit. Als eines der drei Prinzipien stand es für die ewige Lebenskraft. Es stellt eine stilisierte Form des geflügelten und schlangenumwundenen Hermesstabs dar.

SULPHUR

Das Symbol für Sulphur (Schwefel) war zwischen denen der beiden anderen Prinzipien Mercurius und Sal angeordnet. Es steht für Verbrenn- und Entflammbarkeit sowie Verdampfung und Löslichkeit. Es wird aus einem Kreuz und dem Feuer symbolisierenden Dreieck gebildet.

SAL

Obwohl es nicht länger als chemisches Element gilt, sondern als Gemisch, ist Salz lebenswichtig. Salz steht in den Tria Principia für Festigkeit, Kondensation und Kristallisation und in weiterem Sinne für die dem physischen Körper zugrunde liegende Substanz. Symbolisiert wird es durch einen Kreis mit Querstrich.

SILBER

EISEN

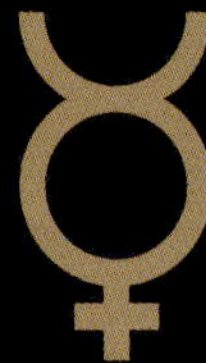

QUECKSILBER

ZINN

KUPFER

BLEI

GOLD

DIE PLANETENMETALLE

Jedem der sieben Planetenmetalle wurde ein himmlischer „Herrscher" zugeordnet, womit in der Astronomie und Astrologie des Mittelalters und in der Renaissance die Sonne und der Mond sowie die fünf bekannten Planeten Merkur, Venus, Mars, Jupiter und Saturn gemeint waren. Jeder Himmelskörper wurde zudem mit einem Körperorgan, einem Wochentag und einer Anzahl Heilkräuter verknüpft. Venus beispielsweise regiert die Nieren, daher galten die mit ihr verbundenen Kräuter, Thymian, Minze, Große Klette, Echter Eibisch, Echtes Herzgepann und Wegerich, als wohltuend bei Nierenbeschwerden. Im Folgenden sind die Symbole der sieben Planetenmetalle mit ihrem jeweiligen Herrscher und Körperorgan sowie zwei Beispielen von Heilkräutern aufgeführt.

SILBER

Halbmond, Montag, Gehirn, Ysop und Silber-Weide. Die halbmondförmige Darstellung dient der Unterscheidung von der Sonne.

EISEN

Mars, Dienstag, Galle, Gelber Enzian und Knoblauch. Der Pfeil symbolisiert phallische Männlichkeit und Waffen.

QUECKSILBER

Merkur, Mittwoch, Lunge, Eisenkraut und Baldrian. Das wankelmütige Metall, das als Erz fest ist und in seiner Reinform flüssig.

ZINN

Jupiter, Donnerstag, Leber, Löwenzahn und Eiche. Der Bestandteil von Bronze wird durch eine stilisierte Vier dargestellt.

KUPFER

Venus, Freitag, Niere, Thymian und Minze. Kupfer, das mit Zinn kombiniert Bronze ergibt, war das erste Gebrauchsmetall des Menschen.

BLEI

Saturn, Samstag, Milz, Lerchensporn und Hirtentäschelkraut. Blei, ein Umweltgift, wird durch eine stilisierte Sichel symbolisiert.

GOLD

Sonne, Sonntag, Herz, Kamille und Scharbockskraut. Das auch durch einen Kreis mit einem Punkt in der Mitte dargestellte Gold wurde in einer Reihe von Kulturen für den „Schweiß" der Sonne gehalten.

DIE „WELTLICHEN“ ELEMENTE

Alchemisten bestimmten eine Reihe „weltlicher" Elemente, deren Zusammensetzung sie den vier Elementen zuschrieben, obwohl sie zufällig modernen chemischen Elementen im Periodensystem entsprechen. Sie verwandten diese Elemente während ihrer Suche nach dem Stein der Weisen und der Panazee (Allheilmittel), ohne allerdings die wahre Bedeutung ihrer versehentlichen Entdeckungen zu erkennen. Jedem dieser Elemente wurde ein Symbol zugeordnet, das den Uneingeweihten beeindrucken und irreführen sollte. Gewisse Elemente wurden mit Tieren in einem mnemonischen System verknüpft, die denen im chinesischen Tierkreis ähnelten.

ANTIMON

Antimon verkörpert die wilde und animalische Natur des Menschen und wird daher bisweilen als Wolf symbolisiert. Das Zeichen ist eine auf dem Kopf stehende Version des Venussymbols.

ARSEN

Arsen zählt zu den Halbmetallen, das seine Erscheinungsform verändern kann. Obwohl es als Gift bekannt ist, wurde es mit einem Schwan verglichen, der sich von einem unansehnlichen jungen Schwan in einen anmutigen adulten Vogel verwandelt. Das Symbol besteht aus zwei ineinandergreifenden Dreiecken.

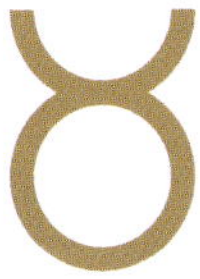

BISMUT

Die Anwendungen von Bismut in der Alchemie sind kaum bekannt und bis ins achtzehnte Jahrhundert wurde es mit anderen Elementen wie Zinn oder Blei verwechselt. Das Symbol ist identisch mit dem des Sternzeichens Stier.

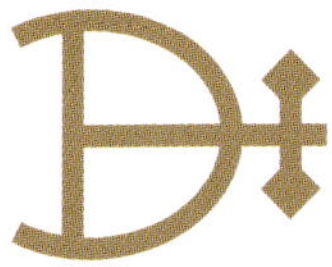

MAGNESIUM

Magnesium kommt in der Natur nicht in Reinform vor. Alchemisten benutzten es in der Verbindung Magnesiumcarbonat, einem weißen wasserfreien Salz, das sie als *Magnesia alba* bezeichneten. Das Symbol ist der Buchstabe D mit Querstrich.

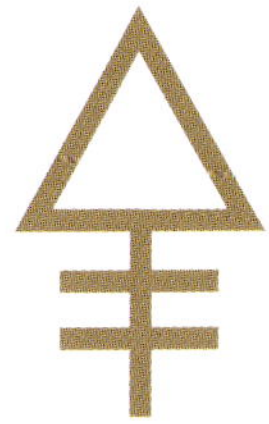

PHOSPHOR

Phosphor scheint die Eigenschaft zu besitzen, Licht zu erzeugen, weil weißer Phosphor grün leuchtet, wenn er oxidiert. Er verkörperte den Geist. Entzündlicher Phosphor enthält das Element Feuer.

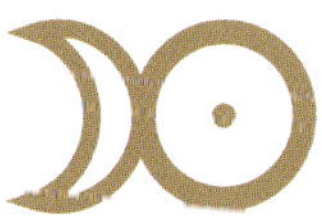

PLATIN

Platin galt als Verbindung aus Gold und Silber und nicht als eigenes metallisches Element, sein Symbol kombiniert daher das von Sonne und Mond miteinander. Das Symbol besteht aus Halbmond und Sonnenscheibe.

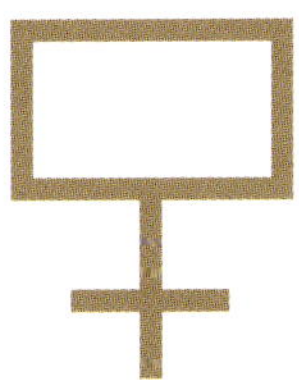

KALIUM

Kalium kommt nicht in der Natur vor, deshalb verwandten Alchemisten Kaliumcarbonat, auch als Pottasche bekannt. Das Symbol ist ein Kreuz, das mit einem darüber liegenden Rechteck verbunden ist.

ZINK

Zink wurde von Alchemisten zur Herstellung von Zinkoxid verbrannt, das sie „Nix alba", „Weißen Schnee" oder „Philosophenwolle" nannten. Das Symbol ist der Buchstabe Z mit zusätzlichem senkrechtem Strich.

VERBINDUNGEN & EINHEITEN

Alchemisten entwickelten auf ihrer Suche nach dem Stein der Weisen und dem Allheilmittel komplizierte Techniken, die Laboratorien, Ausrüstungen, Schmelzöfen und Reagenzien zur Umwandlung der Materia prima, der Urmaterie, erforderlich machten. Sie schufen alchemistische Bezeichnungen für Reagenzien, Alkohole, Legierungen und Zeit- sowie Maßeinheiten, um ihre Arbeit und Ergebnisse vor Rivalen geheim zu halten.

SAL AMMONIACUM

(Ammoniumchlorid) ist nach dem ägyptischen Gott Amun-Re benannt.

AQUA FORTIS

(Salpetersäure) wurde zuerst von einem islamischen Alchemisten entdeckt.

AQUA REGIA

(Salpetersalzsäure, Königswasser) wurde von islamischen Alchemisten benutzt, um Gold, Silber und Platin zu lösen.

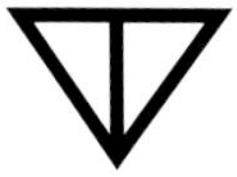

AQUA VITAE

ist eine konzentrierte wässrige Ethanollösung, auch bekannt als Weingeist.

AMALGAM

ist eine Legierung aus Quecksilber mit anderen Metallen.

ZINNOBER

(Quecksilbersulfid) ist die Hauptquelle für elementares (metallisches) Quecksilber.

VITRIOL

bezieht sich auf kristallwasserhaltige Sulfate verschiedener Metalle mit unterschiedlichen Farben.

EINHEITEN

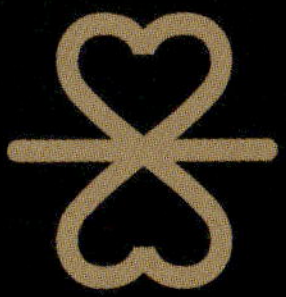

STUNDE

DRAM UND
HALB-DRAM

UNZE UND HALBE
UNZE

SKRUPEL

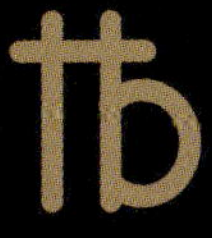

PFUND

OPUS MAGNUM & DER STEIN DER WEISEN

Das Opus Magnum (Großes Werk) der Alchemie ist die Suche nach dem Stein der Weisen, der Substanz, die über die Eigenschaft verfügen sollte, Basismetalle in die Edelmetalle Silber, Gold und Platin umzuwandeln und ewiges Leben zu gewähren. In der spirituellen Alchemie entsprach dies aufeinanderfolgenden Stufen der Reinigung mit dem Ziel, Erlösung und die Vereinigung mit der Gottheit durch geheime Mittel zu erlangen. Die ursprünglich drei oder vier Stufen im Opus Magnum wurden später auf sieben, zwölf oder vierzehn angehoben, die mit der Transmutation der Grundmaterie (Materia prima) korrespondierten oder dem Durchgang durch verschiedene Initiationsstufen während einer spirituellen Reise. Die hier abgebildeten Symbole eines zwölfstufigen Opus Magnum sind die des westlichen Tierkreises.

ZWÖLF STUFEN DES OPUS MAGNUM

♈ CALCINATION	♉ CONGELATION	♊ FIXIERUNG
♋ DISSOLVATION	♌ DIGESTION	♍ DESTILLATION
♎ SUBLIMATION	♏ SEPARATION	♐ CERATION
♑ FERMENTATION	♒ MULTIPLIKATION	♓ PROJEKTION

DER STEIN DER WEISEN

Dieses Symbol, das während des siebzehnten Jahrhunderts üblich wurde, besteht aus zwei Kreisen, einem Quadrat und einem Dreieck. Sie stellen die vier Elemente der Materie dar, aus denen der Stein der Weisen zusammengesetzt ist.

WEITERE ALCHEMISTISCHE SYMBOLE

Besessen davon, ihre Geheimnisse vor den neugierigen Blicken ihrer Rivalen zu schützen, und fest entschlossen, die Uneingeweihten und Leichtgläubigen zu beeindrucken, dachten sich Alchemisten Symbole aus, um jeden Aspekt ihrer Pseudowissenschaft darzustellen, zu denen die Grundelemente, die Verfahren und alle Materialien gehörten, die sie für ihre Tätigkeit benötigten. In diesem Abschnitt wird gezeigt, wie Alchemisten ihre Alltagssubstanzen mit Piktogrammen und abstrakten Symbolen abbildeten.

SAND

SEIFE

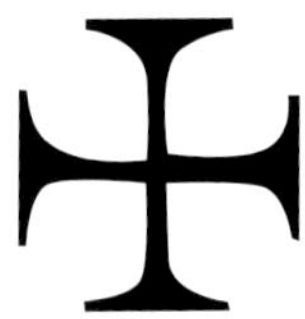

ESSIG

GRÜNSPAN

URIN

REALGAR

ÖL

GUMMIHARZ

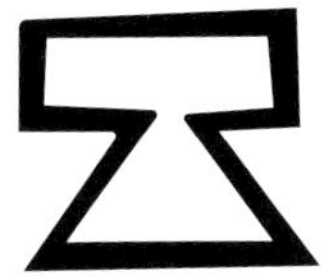

SAL ALKALI

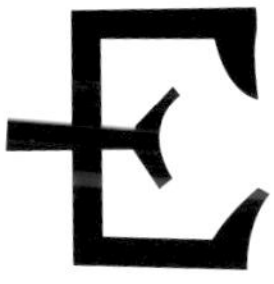

ASCHE

KRISTALL

TALG

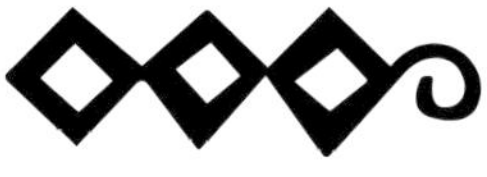

HENNA

WACHS

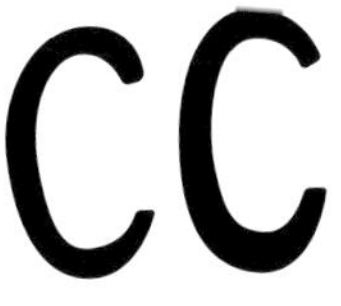

HIRSCHHORN

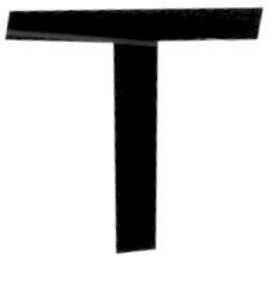

BLEIWEISS

NUMEROLOGIE

Was war zuerst da: Piktogramme oder Zahlen? Die Logik gebietet, dass beide zur selben Zeit erfunden wurden, als die Schreiber im Altertum Piktogramme für Rinder, Schafe oder Scheffel Getreide auf Tontafeln eindrückten und auch angeben mussten, wie viele davon in einer Lieferung enthalten waren. Wie Ideogramme, Hieroglyphen und Buchstaben bildeten Zahlen eine neue Methode, die Welt darzustellen, und schon bald entwickelten sich daraus neue Formen der Divination und Magie, durch die Menschen die Welt zu beherrschen versuchten.

Als Menschen in kleinen Gruppen von Jägern und Sammlern zusammenlebten, war alles, was sie abzählen, addieren oder subtrahieren mussten, ihre zehn Finger. Allerdings hielten sie sich weder an das Dezimal- noch an das Vigesimalsystem (rechnet man auch die Zehen hinzu), weil sich die Natur gemeinhin nicht in Zehnern offenbart. Nachdem sie als Ackerbauern und Viehzüchter sesshaft geworden waren, brauchten Menschen immer komplexere Zahlen und Zahlenoperationen, um den wachsenden Ansprüchen einer entstehenden städtischen Zivilisation gerecht zu werden. Die Babylonier schufen zur Zeitmessung und Aufzeichnung der Bewegungen am Himmel das Sexagesimalsystem, das erklärte, weshalb eine Stunde sechzig Minuten hat und die Winkelsumme im Dreieck stets 360 Grad beträgt.

Zahlen gaben Menschen ein weiteres Instrument an die Hand, um die Welt zu verstehen und sie zu beherrschen. Griechen und Juden benutzten in der Antike für Zahlen dieselben Symbole wie für die Buchstaben des Alphabets und stellten so eine Verbindung zwischen ihnen her, die den numerologischen Techniken der griechischen Isopsephie und der hebräischen Gematrie als Basis diente (in beiden wurden die Zahlenwerte eines Wortes bestimmt). Ein führender Vertreter der Numerologie, der griechische Mathematiker Pythagoras, war der Erste, der eine Beziehung zwischen Musiknoten und Zahlen entdeckte. Er wies den Zahlen Eins bis Sieben symbolische Bedeutungen zu und ersann ein System, das einzelnen Buchstaben Zahlenwerte zuordnete und in Antike wie Mittelalter weithin übernommen wurde. Obwohl der islamische Alchemist Geber sich vornehmlich wissenschaftlichen Experimenten widmete, war sein Werk doch durchdrungen von komplexen numerologischen Beziehungen zwischen den arabischen Namen von Substanzen.

Andere wichtige numerologische Traditionen betreffen den ostasiatischen Glauben, dass Zahlen Glück oder Unglück verheißen, je nachdem, wann sie im Kalender vorkommen oder ob sie gerade oder ungerade oder Homophone von Wörtern mit negativen Assoziationen sind. Eine weitere nur in Ostasien beheimatete Form der Numerologie ist, der Anzahl der Striche zur Schreibung der Zeichen eines Namens okkulte Bedeutung beizumessen.

Verschiedene Arten, um Zahlen in Schrift wiederzugeben. Die Zahlen Eins bis Fünf ähneln häufig stilisierten Fingern und einer Hand.

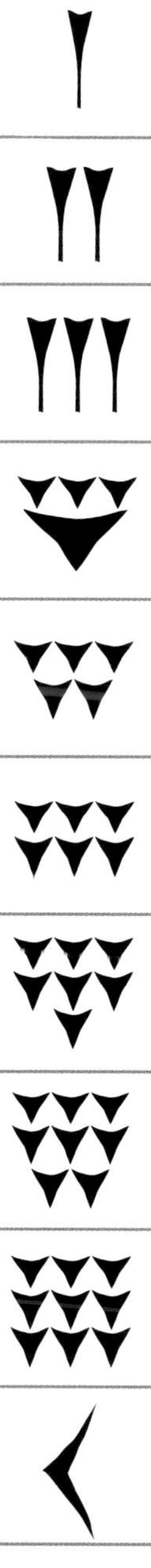

	Keilschrift	Ägyptisch	Chinesisch	Latein	Arabisch
1			一	I	١
2			二	II	٢
3			三	III	٣
4			四	IV	٤
5			五	V	٥
6			六	VI	٦
7			七	VII	٧
8			八	VIII	٨
9			九	IX	٩
10			十	X	١٠

ISOPSEPHIE & GEMATRIE

Griechische Isopsephie und hebräische Gematrie untersuchen die Beziehungen zwischen Wörtern, die dieselben berechneten Zahlenwerte gemäß der gegenüber abgebildeten oberen Tabelle besitzen. Diese numerologischen Techniken, die islamische Gelehrte für ihre eigenen Zwecke übernahmen, dienten der Aufdeckung okkulter Verbindungen zwischen Namen, Ereignissen und Vorstellungen. Eine der bekanntesten dieser Verknüpfungen ist die Zahl des Tieres aus der biblischen Offenbarung des Johannes.

666

Die Offenbarung des Johannes wurde um 96 n. Chr. verfasst und in den seither vergangenen 1.900 Jahren haben Okkultisten versucht, die Person zu ermitteln, die mit der Zahl des Tieres bezeichnet wird. Wahrscheinlich wurde jeder der größten Gewaltherrscher von Kaiser Nero bis Adolf Hitler und auch weitere mit der Figur des Antichrists verknüpft, dessen Wiederkunft auf Erden das Armageddon und Jüngste Gericht ankündigt. Frühe Zielpersonen waren die römischen Kaiser, allen voran Nero, dessen Verfolgung der Christen als besonders blutrünstig galt. Abhängig von der Darstellung seines Namens als *Neron Caesar* oder *Nero Caesar* war sein gemäß Gematrie berechneter Zahlenwert unterschiedlich: 666 mit *n* oder 616 ohne. Die Kirchenväter wählten schließlich 666, was zugegebenermaßen um vieles düsterer aussieht und klingt als das fade 616.

ONOMANTIE

Die Numerologie, die auf dem Namen einer Person beruht, wird als Onomantie bezeichnet. In den pythagoreischen und babylonischen Systemen wurden die Buchstaben des Alphabets gemäß der unteren Tabelle auf der gegenüberliegenden Seite auf die Zahlen Eins bis Neun verteilt. Ein zusätzliches Element des Systems bildet die Zahl aus dem Geburtsdatum einer Person. Die Buchstaben werden so lange aufaddiert, bis man eine einzelne Zahl erhält, die je nach System gedeutet wird. Verschiedene Zahlen sollen unterschiedliche Aspekte des Selbst offenbaren und es ermöglichen, Glückstage oder -jahre zu bestimmen.

Der Name Nero Claudius Caesar ergibt die Zahl 9, sein Geburtsdatum, der 27. Dezember 37 v. Chr., die Zahl 1.

ZAHLENWERT	HEBRÄISCH	ARABISCH	GRIECHISCH
1	א	أ	Α α
2	ב	ب	Β β
3	ג	ج	Γ γ
4	ד	د	Δ δ
5	ה	ه	Ε ε
6	ו	و	ς′ Ϝ
7	ז	ز	Ζ ζ
8	ח	ح	Η η
9	ט	ط	Θ θ
10	י	ي	Ι ι
20	כ	ك	Κ κ
30	ל	ل	Λ λ
40	ם	م	Μ μ
50	נ	ن	Ν ν
60	ס	س	ξ ξ
70	ע	ع	ο ο
80	פ	ف	π π
90	צ	ص	Ϙ′
100	ק	ق	ρ ρ
200	ר	ر	σ υ
300	ש	ش	τ τ
400	ת	ت	υ υ
500	ך	ث	φ φ
600	ם	خ	χ χ
700	ן	ذ	ψ ψ
800	ף	ض	Ω
900	ץ	ظ	ϡ′

1	2	3	4	5	6	7	8	9
a	b	c	d	e	f	g	h	i
j	k	l	m	n	o	p	q	r
s	t	u	v	w	x	y	z	

GLÜCKS- & UNGLÜCKSZAHLEN

Die Bedeutung von Zahlen und ihre Einteilung in Glücks- und Unglückszahlen variiert erheblich in den Kulturen und historischen Epochen. Pythagoras gilt als der Erste, der in der Antike ein System der Numerologie entwickelte, das durch seine Entdeckungen in der Mathematik und Geometrie beeinflusst war. Im Mittelalter wurden komplexere Systeme der pythagoreischen Numerologie erstellt. Der Glaube an Glücks- oder Unglückszahlen ist insbesondere in Ostasien weit verbreitet, obwohl selbst unter benachbarten Kulturen keine genaue Übereinkunft über den Status einer Zahl besteht.

PYTHAGOREISCHE ZAHLEN

Α

EINS

Einheit, stellt das Göttliche dar, das nicht weiter teilbar ist.

Β

ZWEI

Vielfalt und Chaos, Prinzip des Gegensatzes und Bösen, zudem die weibliche Zahl.

Γ

DREI

Harmonie, verkörpert die Vereinigung von 1 und 2, Einheit und Vielfalt, sowie die männliche Zahl.

Δ

VIER

Kosmos, eine wichtige Zahl, weil sie die erste Quadratzahl ist (2 x 2).

Ε

FÜNF

Die Vereinigung der weiblichen und männlichen Zahl steht symbolisch für Partnerschaft.

7

Die Sieben gilt als die Glückszahl schlechthin, die Menschen regelmäßig als Lieblingszahl wählen, obwohl die Gründe dafür unklar sind, es sei denn die Siebenen im täglichen Leben dienen als Erklärung (sieben Wochentage, sieben Lebensalter des Menschen und so weiter).

63

In der mittelalterlichen Numerologie galten die Sieben und Neun und ihre Vielfachen (21, 27, 35, 49, 63, 81) insbesondere als Unglückszahlen, allen voran 7 x 9 = 63, die als die „große kritische Zahl" angesehen wurde, da in mittelalterlichen Zeiten nur wenige Menschen ein solches Alter erreichten.

13

In der nordischen Mythologie tötet der uneingeladene Gott Loki während eines Festmahls der Asen einen der zwölf teilnehmenden Gäste, ein Ereignis, das auf die gängige Interpretation dieser Unglückzahl verweist, nämlich die Anzahl der beim Letzten Abendmahl versammelten Apostel.

八

Die Acht gilt in China als die Glückszahl schlechthin, weil sie homophon ist mit dem Wort für „Wohlstand". Achtundachtzig ist eine doppelte Glückszahl, weil sie ein Homophon für „doppeltes Glück" ist.

四

Shi ist im Chinesischen, Japanischen und Koreanischen homophon mit dem Wort für „Tod". Man wird daher in einem chinesischen Hotel weder einen Raum vier noch einen vierten Stock finden, und auch andere Zahlen, die die Vier enthalten, etwa vierzehn oder vierundsiebzig, werden vermieden, da sie Homophone sind für „ist tot" und „ist bereits tot".

九

In Japan gilt die Zahl Neun (*ku*) als Unglück bringend, weil sie homophon ist mit dem Wort für „Schmerz" und „Leiden", wohingegen sie in China als Glückzahl betrachtet wird, da sie mit Langlebigkeit und Ewigkeit assoziiert wird.

	25	42	61
MÄNNER	二十五	四十二	六十一
	19	33	37
FRAUEN	十九	三十三	三十七

Lebensjahre, die in Japan als besonders unglücklich gelten, heißen *honyaku*: bei Männern (obere Reihe) sind dies die Jahre 25, 42 und 61, bei Frauen 19, 33 und 37. Eine Person, die diese Lebensjahre erreicht, könnte einen Shinto-Schrein aufsuchen, um durch Reinigungsriten Unheil abzuwehren.

HEILIGE GEOMETRIE

Als unsere entfernten Vorfahren geometrische Muster zu zeichnen begannen, machten sie einen fundamentalen Kognitionssprung. Wir werden niemals erfahren, welche Bedeutung diese Muster für sie hatten, aber die Schaffung abstrakter Symbole belegt, dass sie eine Form des Denkens beherrschten, die sich niemals in irgendeiner Tierart manifestiert hat. In den folgenden Jahrtausenden legten Menschen megalithische Monumente und Bauwerke in geometrischen Mustern an, die an den Kardinalpunkten oder den Positionen von Himmelskörpern ausgerichtet waren und gemäß geomantischen und okkulten Prinzipien festgelegt wurden. Ihre idealisierten geometrischen Formen sind benutzt worden, um die Bestandteile der Materie zu beschreiben und visuelle Darstellungen des Kosmos zu erschaffen.

Lange vermutete man, dass archaische Menschen vor rund 40.000 Jahren verständig wurden, als sie anfingen, in Europa Höhlen mit gemalten oder eingeritzten Tierabbildungen auszugestalten. Aufgrund jüngster Entdeckungen wurden die kognitiven Entwicklungen in Verbindung mit Verhaltensmoderne immer weiter zurückdatiert. Die obere Illustration auf der gegenüberliegenden Seite zeigt das älteste menschengemachte abstrakte Muster, das in der Blombos-Höhle in Südafrika gefunden wurde und auf 73.000 Jahre vor heute datiert wird. Das auf einem Felsstück eingeritzte Muster wurde nicht mit der Genauigkeit eines modernen Zeichners angefertigt, der mit Lineal und Winkelmesser hantiert, aber es sind erkennbar ineinandergreifende Dreiecke und Rauten, Formen, die in der Natur nicht vorkommen.

Das Blombos-Ocker-Fragment ist das erste bekannte Beispiel der geometrischen Figuren und abstrakten Muster, die weltweit an prähistorischen Orten entdeckt wurden. Wir können uns sicher sein, dass es sich nicht um unbeholfene Versuche handelt, konkrete Gegenstände darzustellen, weil unsere Vorfahren äußerst talentierte Zeichner waren, wie es die Höhlenmalereien von Tieren in Lascaux und Altamira beweisen. Möglicherweise drücken sie keine physischen Formen aus, sondern Vorstellungen wie Tod, Göttlichkeit, die Seele oder das Jenseits.

In Konstruktionen megalithischer Monumente wie Stonhenge (gegenüber, mittlere Abbildung) und Carnac wurden die Ausrichtung, Gestaltung und Formen alle sorgfältig ausgewählt, wobei Prinzipien der Heiligen Geometrie entstanden, die auf den Grundriss der Tempelanlage von Angkor Wat (gegenüber, untere Abbildung) angewandt und auf die schematische Darstellung abstrakter okkulter, magischer, divinatorischer und kosmologischer Konzepte übertragen wurden.

Einritzungen auf dem Ockerstück aus Blombos, Südafrika, um 73.000 Jahre BP (um 71.000 v. Chr.)

Stonehenge, Wiltshire, England, um 3000 v. Chr.

Angkor Wat, Kambodscha, um 1110–1150

TETRAKTYS

Die Tetrakys war das Hauptsymbol der Pythagoreer, das in ihren kultischen Initiationsriten und als Eidesformel bei der Aufnahme neuer Mitglieder benutzt wurde. Die Figur besteht aus zehn Punkten, die die Grundzahlen Eins bis Zehn darstellen. Wenn die Punkte miteinander verbunden werden, ergeben sich neun ineinandergreifende gleichseitige Dreiecke, die an das eingeritzte Muster erinnern, das 72.000 Jahre früher in der Blombos-Höhle entstand. Diese Dreiecke wiederum bilden ein größeres gleichseitiges Dreieck, dessen zehn Punkte und vier Reihen für die okkulten Beziehungen zwischen Musiknotation, Zahlen und geometrischen Formen stehen, die grundlegend für die von Pythagoras und seinen Anhängern vertretenen kosmologischen Vorstellungen waren.

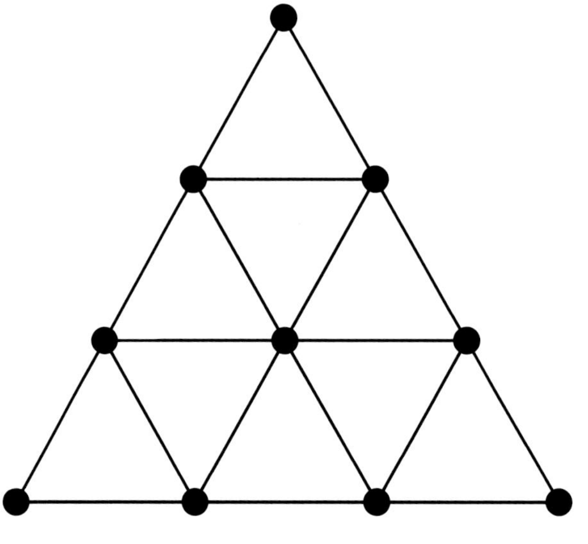

PLATONISCHE KÖRPER

Der antike griechische Philosoph Platon lehrte, dass alles, was in der Wirklichkeit existiert und wir mit unseren Sinnen wahrnehmen können, nur eine unvollkommene Spiegelung einer geistigen Dimension vollkommenener „Formen" ist, die wir uns vorstellen können, aber niemals begreifen werden. In gleicher Weise schlägt Platon in seinem philosophischen Dialog aus dem fünften Jahrhundert *Timaios* eine direkte Verbindung vor zwischen den fünf klassischen Elementen und vollkommenen geometrischen Körpern, den fünf Platonischen Körpern, die er auswählte, um die physischen Eigenschaften jedes Elements wiederzugeben. Er ordnete den Würfel der Erde zu, das Oktaeder der Luft, das Ikosaeder dem Wasser, das Tetraeder dem Feuer und das Dodekaeder dem Äther.

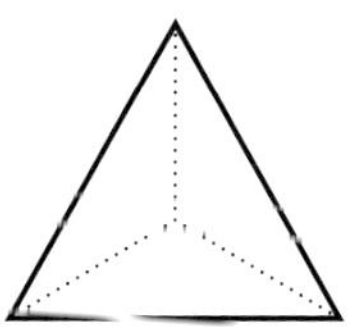

TETRAEDER

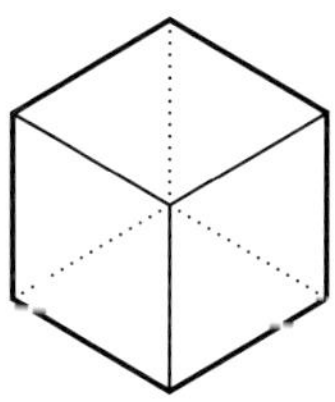

WÜRFEL

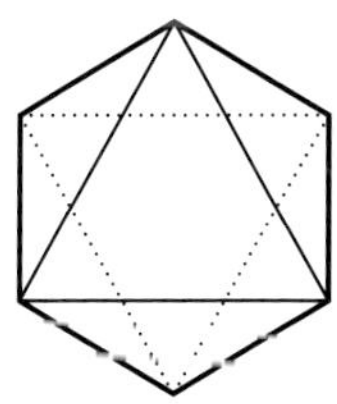

OKTAEDER

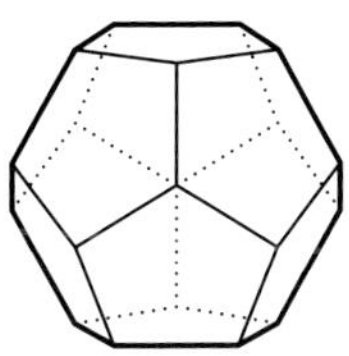

DODEKAEDER

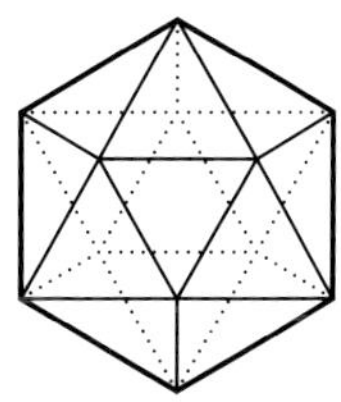

IKOSAEDER

MANDALAS & YANTRAS

Mandalas und Yantras sind in den tantrischen Traditionen des Hinduismus und Buddhismus angewandte bildhafte, aus geometrischen Formen aufgebaute Darstellungen. Mandalas sind vor allem im tibetischen Buddhismus üblich. Yantras werden in hinduistischen Ritualen (*Puja*) und in der Meditation (Dhyana) zur Fokussierung des Geists eingesetzt. Mandalas sind auf Rollen und Wände gemalte zweidimensionale Muster, die auch aus farbigem Sand hergestellt werden, der am Ende eines Rituals verwischt wird, wohingegen aus Yantras auch dreidimensionale Objekte aus diversen Materialien entstehen können.

Ein Mandala verkörpert den Kosmos sowie die Stufen, die man durchlaufen muss, um dem Kreislauf aus Leben, Tod und Wiedergeburt zu entkommen und Erleuchtung zu erlangen. Ein tibetisches Mandala ist ein symbolischer Raum, den ein Meditierender visualisiert und sich vorstellt, diesen wie einen realen Ort zu betreten. Er beginnt an den äußeren Rändern und muss zwei äußere Kreise durchschreiten, einen aus Flammen und den zweiten aus *Vajra* (rituelle Waffen). Innerhalb des Kreises befindet sich ein Quadrat, der „reine" Palast, in dessen vier mit Symbolen bedeckten Wänden Portale eingelassen sind, die den Kardinalpunkten entsprechen. Die darin abgebildeten Gottheiten symbolisieren die Emanationen der zentralen Buddhafigur, mit der sich der Meditierende identifiziert, um seinen Körper und Geist mit dem Mandala zu verschmelzen.

Ein Yantra ist eine geometrische Darstellung des Kosmos und von Hindu-Gottheiten, denen spezifische Muster zugeordnet werden, und eine visuelle Entsprechung zu einem Mantra, dem in Meditation und Gesang verwendeten heiligen Klang. Wenn ein Mantra auf ein Yantra gelegt wird, ist es von der Kraft einer Gottheit erfüllt. Das machtvollste ist das Shri-Yantra, das aus neun ineinander verschränkten Dreiecken besteht, von denen fünf für Shakti und vier für Shiva stehen, die das weibliche und männliche Prinzip verkörpern. Diese Dreiecke werden von zwei Kreisen aus Lotusblüten umschlossen und drei konzentrischen Rechtecken mit vier Toren. Yantras sind eigentlich ein Mittel, um zur Erleuchtung zu gelangen, dienen aber auch magischen Zwecken, etwa dem Schutz oder der Tötung von Feinden.

Oben: dreidimensionales Yantra des Bergs Meru aus Metall.

Gegenüber: Tibetisches Mandala mit buddhistischem Kosmos als Anordnung von Kreisen und Vierecken, die verschiedene Emanationen Buddhas zeigen.

YANTRAS

KAMALA-YANTRA

BHUVANESHVARI-YANTRA

TARA-YANTRA

BAGALAMUKHI-YANTRA

MATANGI-YANTRA

TRIPURA-SUNDARI-YANTRA

DURGI-YANTRA

KALI-YANTRA

GANESHA-
YANTRA

SHIVA-YANTRA

SHRI-CHAKRA-
YANTRA

SHRI-YANTRA

FENG-SHUI-LUOPAN

Möglicherweise sind Leser bereits mit dem Netzwerk aus Ley-Linien vertraut, die kreuz und quer durch die Landschaft verlaufen und heilige Stätten wie Stonehenge und Glastonbury miteinander verbinden, von denen spirituelle Energie ausgehen soll. Chinesische Geomantie, Feng Shui („Wind und Wasser"), ist eine okkulte Wissenschaft, die dieselben Prinzipien systematisiert hat und versucht, den Fluss der subtilen Energie Qi auf dem Land und in den Städten sowie Gebäuden in Einklang mit der Natur zu bringen, um Gesundheit, Harmonie und Glück zu steigern. Der Luopan ist ein geomantischer Kompass, der zum magnetischen Südpol zeigt und aus bis zu vierzig konzentrischen Ringen bestehen kann, die die Konzepte der chinesischen Kosmologie darstellen.

TIANTAN

Es hat vierzehn Jahre (1406–1420) gedauert, um die Anlage des Himmelsaltars oder Himmelstempels (Tiantan) in Peking zu errichten und landschaftlich zu gestalten. Der Standort wurde sorgfältig ausgewählt und gemäß den geomantischen Regeln von Feng Shui ausgelegt, um die Zeremonie zur Wintersonnenwende zu inszenieren. Der Kaiser schritt dabei die Stufen zum Himmelsaltar empor, dem Symbol des chinesischen Kosmos, um ein Ritual durchzuführen, das dem Kaiserreich im folgenden Jahr Frieden und Wohlstand sichern sollte. Der Tiantan besteht aus Elementen, die gemäß der Neun, ihren Vielfachen und Teilern angeordnet sind: drei kreisförmige Terrassen, drei mal neun Teiltreppen an den Kardinalpunkten, neun konzentrische Kreise auf der obersten Plattform aus marmornen Bodenplatten mit 81 äußeren Steinen und 360 Balustradenstützen, die den 360 Grad eines geometrischen Kreises entsprechen.

5

WEISSE MAGIE & KARTOMANTIE

Im westlichen Okkultismus war die weißmagische Praktik bestrebt, die Besserung und Heilung der Menschheit innerhalb der christlichen Lehre zu bewirken. Diesem okkulten Bereich lässt sich auch die als Wahrsagung aus Spiel- oder Tarotkarten bezeichnete Kartomantie zuordnen, die im achtzehnten Jahrhundert begann und als eine harmlose Form beliebter Unterhaltung galt.

Aus der Perspektive des 21. Jahrhunderts waren Okkultismus und Magie unvereinbar mit den Glaubensinhalten und Praktiken der Offenbarungsreligion. Moses mit seinem Sieg über die Zauberer des Pharaos im Alten Testament und unzählige weitere Beispiele demonstrieren die Überlegenheit göttlicher Macht über die dämonische Magie Satans und der heidnischen Götter. Im Verständnis der frühneuzeitlichen Menschen existierte eine als Weiße Magie bezeichnete Tradition, die durch die Wundertaten Gottes, seiner Engel und Propheten sowie seines eingeborenen Sohnes, Jesus Christus, als erwiesen galt.

Wenn man Weiße Magie verstehen möchte, muss man sich eine Welt vorstellen, die nicht durch wissenschaftliche Vernunft erklärt wird, sondern durch die Offenbarungen im Alten und Neuen Testament, die verschiedene Weltanschauungen darstellen – die jüdische und die christliche. Diese stehen häufig in Konflikt zueinander, weil in der jüdischen Deutung der Messias noch kommen wird und die Endzeit mit seinem Kommen anbricht, während in der christlichen Offenbarung das Weltende der Wiederkunft Jesu Christi als Messias und dem Jüngsten Tag vorausgeht.

Im Mittelalter und in der Renaissance wurde der Okkultismus zunehmend durch die esoterische Spiritualität der Kabbala geprägt, die man durch Veränderung der Schreibweise in „Cabala" verchristlichte, was dennoch zu einem intellektuellen Bruch mit der orthodoxen christlichen Lehre führte, die Okkultisten das Studium magischer und okkulter Praktiken gestattete, sofern die Kirche sie nicht sanktioniert hatte. Anfangs wurden sie begrüßt, weil sie der christlichen Offenbarung nicht widersprachen, zudem zeigten die mittelalterlichen Kirchenoberen Interesse an den materiellen, politischen und spirituellen Möglichkeiten der okkulten Wissenschaften Alchemie und Astrologie. Während der Renaissance betrachteten Gelehrte wie Johannes Trithemius, Cornelius Agrippa oder John Dee Magie nicht als ein frevelhaftes Zusammenspiel mit dämonischen Kräften. Sie glaubten im Gegensatz zur parallel ausgeübten Praktik der Dämonologie und Nekromantie an die Existenz einer Form von Okkultismus, die die Läuterung und Erlösung der Menschheit bewirken sollte. Die feine Linie, die zwischen Weißer und Schwarzer Magie verlief, wurde bisweilen bewusst von den Okkultisten überschritten.

Im Laufe des 18. Jahrhunderts, dem Zeitalter der Vernunft, verlor die christliche Offenbarung ihren Einfluss und ermöglichte die Entstehung einer neuen Art von Okkultismus und Magie in Form von Spiel- und Tarotkarten, die der Unterhaltung dienten.

Sieg des Erzengels Michael über Satan *von Lucas Kilian, 1588.*

S·MICHAEL·
Archangelus·
MAGNO PRINCIPI GVILIELMO·V·COM·PALAT·RHENI, VTRIVSq BAVARIAE DVCI·
BASILICÆ D·MICHAELIS ARCHANGELI·APVD MONACENSES, AMPLISS·ÆTERN·CONDITO.

DAS THEBANISCHE ALPHABET

Die Buchstaben des Thebanischen Alphabets, das auch als Alphabet des Honorius bezeichnet wird, entsprechen genau denen des alten lateinischen Alphabets, was auf seine Verwendung als Geheimschrift zur Verschlüsselung lateinischer Texte hinweist. Das Alphabet erschien erstmals in den Werken eines Okkultisten aus dem 16. Jahrhundert und wie viele andere magische Alphabete und Geheimschriften dieser Epoche ist sein Ursprung bewusst verschleiert und seine Zuschreibung vermutlich erfunden. Die Schrift ist einzigartig, allerdings ähneln die Buchstabenformen astrologischen und alchemistischen Symbolen aus derselben Zeit.

Das Thebanische Alphabet wird Honorius von Theben zugeschrieben, über den nichts außer seiner mutmaßlichen Autorschaft am Grimoire (Zauberbuch) *Das Schwurbuch des Honorius* aus dem 13. oder 14. Jahrhundert bekannt ist. Der Namenszusatz „von Theben" verleiht Honorius den Hauch von Antike, erinnert er doch einerseits an die ehemalige ägyptische Hauptstadt Theben, die in der Renaissance als eines der Zentren der Magie galt, andererseits an die nicht weniger exotische griechische Stadt gleichen Namens. Das Thebanische Alphabet ist allerdings nicht im *Schwurbuch des Honorius* enthalten, sondern befindet sich unter den Schriften des Abtes und Okkultisten Johannes Trithemius (1462–1516).

Trithemius, der als Johann Heidenberg geboren wurde, lief im Alter von siebzehn Jahren von zu Hause fort, weil ihm sein Stiefvater das Studium alter Sprachen untersagte. Er besaß einen herausragenden Verstand und unternahm viele Reisen zu den berühmtesten Gelehrten seiner Zeit in Deutschland und in den Niederlanden. Im Alter von einundzwanzig Jahren wurde er zum Abt der Benediktinerabtei in Sponheim gewählt, die er in ein Bildungszentrum verwandelte. Sein Ruf als Okkultist führte zu seiner Entlassung, woraufhin er wiederum als Abt eine neue Heimat im Würzburger Schottenkloster fand, wo er seine letzten Lebensjahre verbrachte. Der Okkultist Heinrich Cornelius Agrippa von Nettesheim und der Alchemist und Arzt Paracelsus gehörten zu seinen Studenten.

Das Thebanische Alphabet wurde erstmals in den postum veröffentlichten *Polygraphiae libri sex* von Trithemius abgedruckt, später noch einmal im dritten Buch der *Occulta Philosophia* seines Schülers Agrippa von Nettesheim. Es scheint unwahrscheinlich, dass der mythische Honorius von Theben der wahre Schöpfer des Alphabets war oder Papst Honorius I. im siebten beziehungsweise Papst Honorius III. im dreizehnten Jahrhundert. (Die Zuschreibung des Alphabets an das Papsttum ist vermutlich auf spätere protestantische Anfeindungen gegen den römischen Katholizismus zurückzuführen.) Das Alphabet hat seitdem Anklang unter Anhängern der Wicca-Religion gefunden.

Johannes Trithemius, Porträt aus dem 15. oder 16. Jh.

IOHANNES TRITEMI

DAS THEBANISCHE ALPHABET

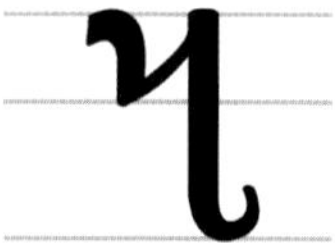

A

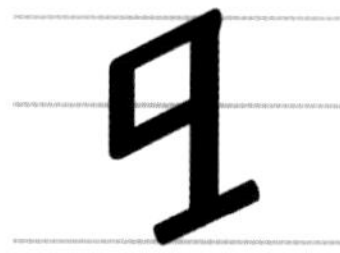

B

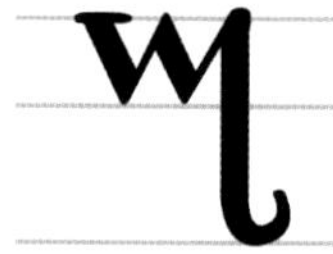

C

D

E

F

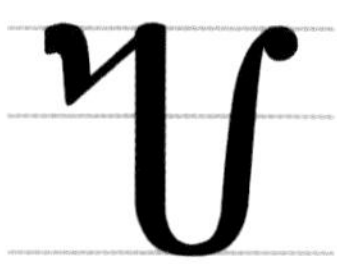

G

H

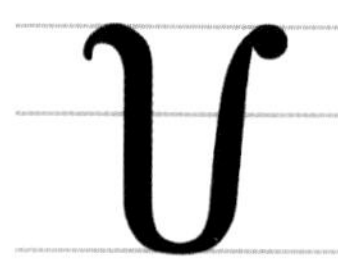

I/J

K

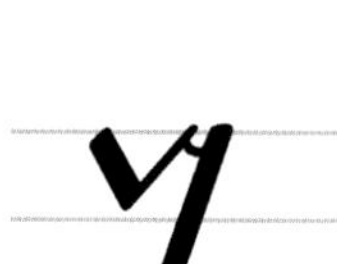

L

M

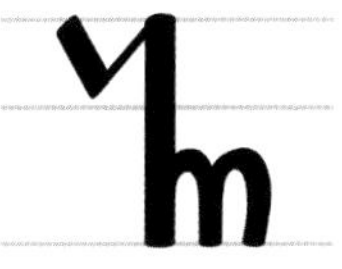

N

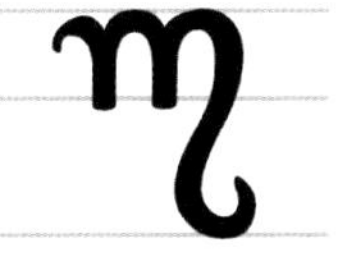

O

P

Q

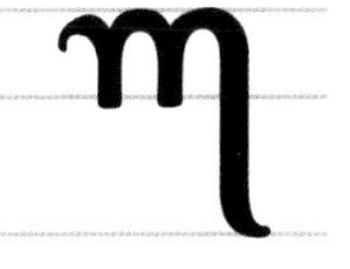

R

S

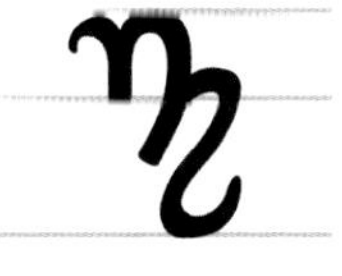

T

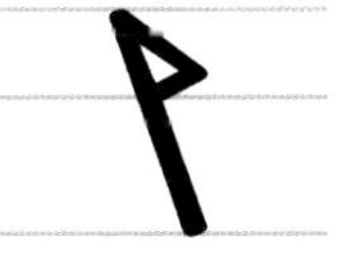

U/V (VERDOPPELT ENTSTEHT W)

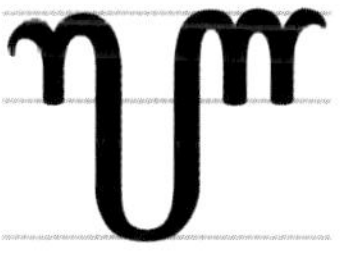

X

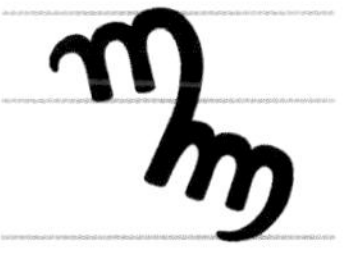

Y

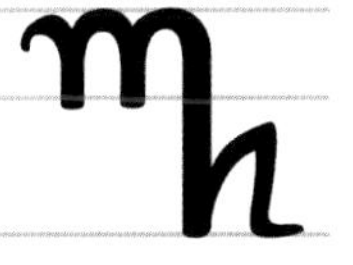

Z

SATZENDE

SCHRIFTEN AUS *DE OCCULTA PHILOSOPHIA*

Die drei als „Malachim" (Scriptura Malachim), „Himmlisch" (Scriptura Celestis) und „Überqueren des Flusses" (Scriptura Transitus Fluvi) bezeichneten alphabetischen Schriften wurden erstmals von Heinrich Cornelius Agrippa in seinem Werk *De Occulta Philosophia Libri Tres* (Drei Bücher über okkulte Philosophie) beschrieben, das er bereits um 1510 fertiggestellt hatte, aber erst 1531 gedruckt wurde. Agrippa behauptete, dass die Schriften sehr alt und im Falle des Himmlischen Alphabets sogar göttlichen Ursprungs seien, aber wahrscheinlich wurden sie von Agrippa selbst, seinem Lehrer Johannes Trithemius oder einem anderen unbekannten Okkultisten des sechzehnten Jahrhunderts geschaffen.

Heinrich Cornelius Agrippa (1486–1535) gehörte zu jenen außergewöhnlichen Renaissance-Universalgelehrten, die in erstaunlich vielen Bereichen gleichzeitig tätig waren. Er war Theologe, Soldat, Diplomat, Arzt und Jurist, ist aber als Okkultist in Erinnerung geblieben. Er stammte aus einer Kölner Adelsfamilie und studierte an der dortigen Universität, wo er mit sechzehn Jahren zur Lizenziatenprüfung zugelassen wurde. Das heißt allerdings nicht, dass Agrippa ein Wunderkind war, da die damaligen Universitäten eher einem heutigen Gymnasium entsprachen.

Sein Interesse an Magie wurde noch in Köln geweckt, die er während seiner Zeit als Student in Paris noch vertiefte, wo er sich einem Geheimbund angeschlossen haben soll, der sich dem Studium des Okkulten verschrieben hatte. 1508 unterbrach er seine akademische Ausbildung und reiste nach Spanien, wo er als Söldner in Diensten Kaiser Maximilians I. stand. Er nahm 1509 seine Universitätslaufbahn wieder auf und unterrichtete als Professor an der burgundischen Universität Dole, musste aber schon bald seinen Lehrstuhl wegen seiner unorthodoxen Ansichten zur Hexerei und seines Interesses an Magie und der Kabbala räumen. 1510 studierte er bei Johannes Trithemius, dem er seine *De Occulta Philosophia* widmete, von deren Veröffentlichung Trithemius ihm jedoch abriet. Im Laufe der nächsten zwanzig Jahre verfolgte er seine bewegte Karriere als Diplomat, Theologe, Söldner und Arzt weiter, geriet dabei aber etliche Male kurz in Haft, der er dank seiner einflussreichen Verbindungen immer entkommen konnte. 1531 brachte er schließlich *De Occulta Philosophia* heraus, obwohl das Werk noch kurz vor Druckbeginn von der Inquisition als ketzerisch eingestuft wurde. Trotz seiner Auseinandersetzungen mit der katholischen Kirche wurde er niemals ernsthaft verfolgt. In den Jahren 1525 und 1535 musste er jedes Interesse an Magie öffentlich widerrufen, allerdings war dies möglicherweise nur ein gerissener Schachzug, um seine fanatischen christlichen Gegner zu beschwichtigen.

Heinrich Cornelius Agrippa.

DAS MALACHIM-ALPHABET

Die Entstehung der drei Schriften in *De Occulta Philosophia* liegt im Dunkeln, obwohl die Namen und Formen der Buchstaben aus dem hebräischen Alphabet stammen oder daraus entnommen wurden. Malachim ist der Plural von *mal'ach*, dem hebräischen Wort für „Bote" oder „Engel". Wir können Agrippas fadenscheinige Behauptung, dass diese Schriften von Moses und den Propheten benutzt wurden, getrost verwerfen, weil sie deutlich viel spätere Erfindungen sind, die erstmals in Agrippas unveröffentlichtem Manuskript der *De Occulta Philosophia* von 1510 vorkommen, das er seinem Lehrer Johannes Trithemius widmete. Es ist nicht auszuschließen, dass einer der möglichen Schöpfer des Thebanischen Alphabets, Trithemius, seine Hände bei der Schaffung der Malachim-, Flussübergangs- und Himmelsschrift im Spiel hatte. Einige Gelehrte haben darauf verwiesen, dass die Flussübergangsschrift bereits 1523, 1529 und 1530 in den Werken anderer Okkultisten auftaucht, die aber vermutlich Einsicht in Agrippas Manuskript genommen hatten und das Alphabet vor der Drucklegung von *De Occulta Philosophia* 1531 herausbrachten. Agrippa machte ebenfalls haltlose Aussagen über die Herkunft der Himmelsschrift als Ausdruck der göttlichen Sprache der Engel und die der Flussübergangsschrift, die er als den Sternen entnommen beschrieb, um anzudeuten, dass sie einem uralten Astrologie-Werk entstammte. Der Name „Überqueren des Flusses" ist die Übersetzung der lateinischen Formulierung T*ransitus Fluvi*, die als Verweis auf die Überquerung des Euphrat nach dem Ende des babylonischen Exils der Juden gedacht ist.

DAS MALACHIM-ALPHABET

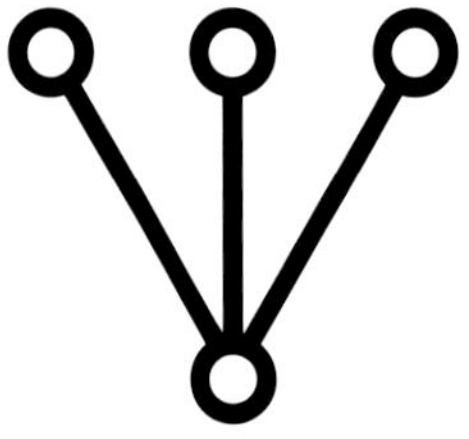

ZAIJN

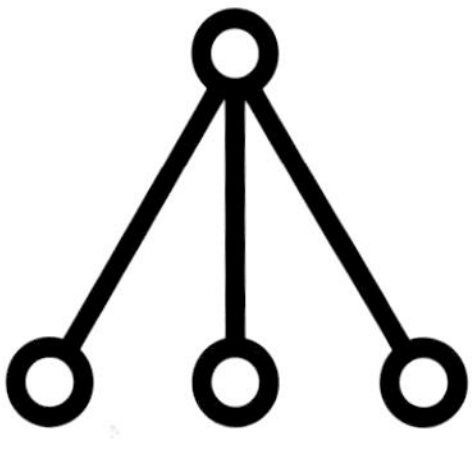

VAV

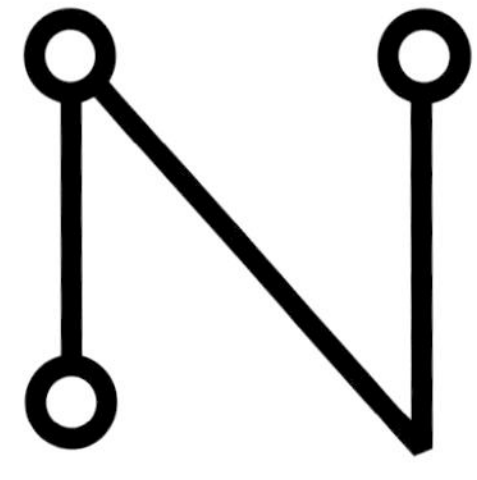

HÉ

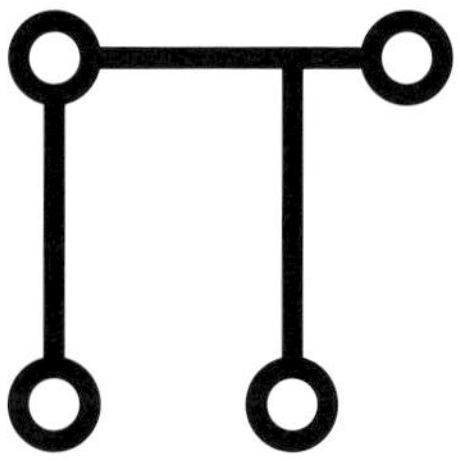

DALET

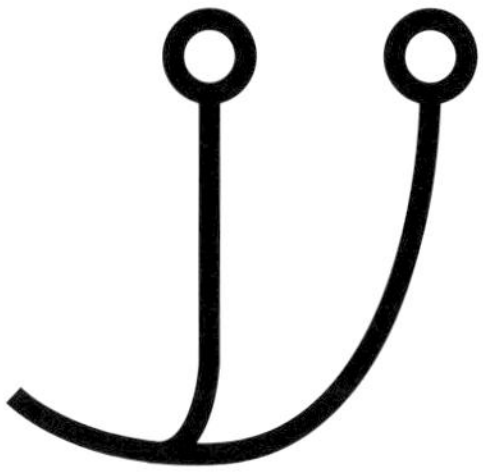

GIMMEL

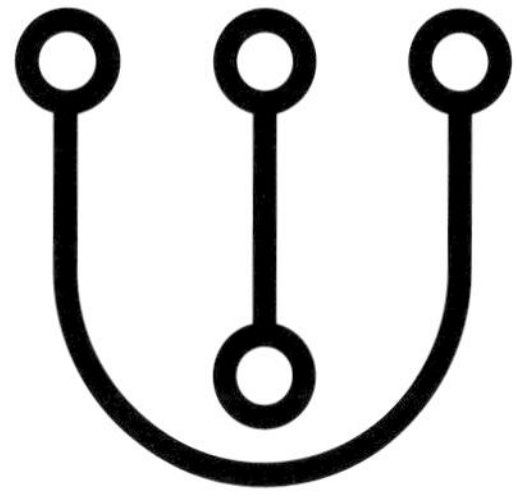

BET

ALEF

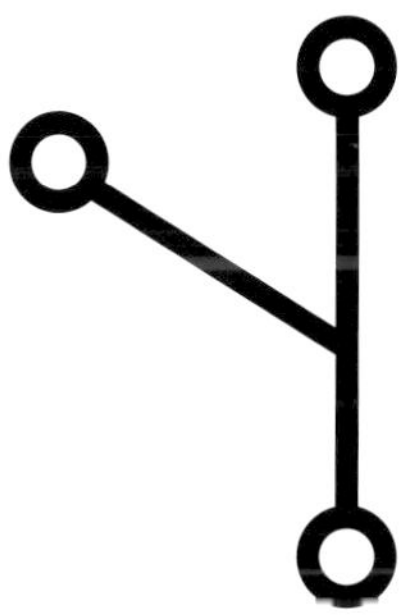

NUN

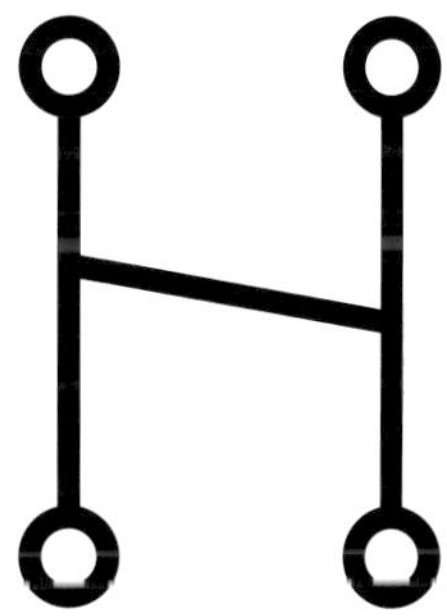

MEM

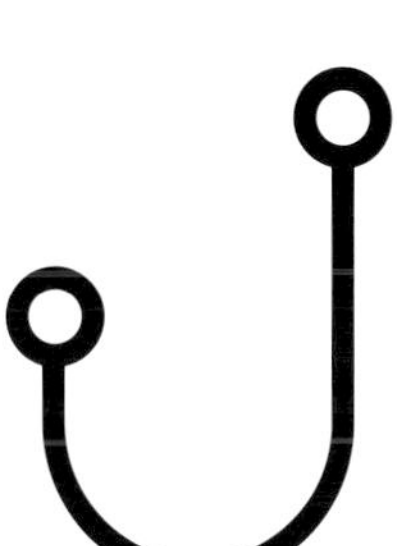

LAMED

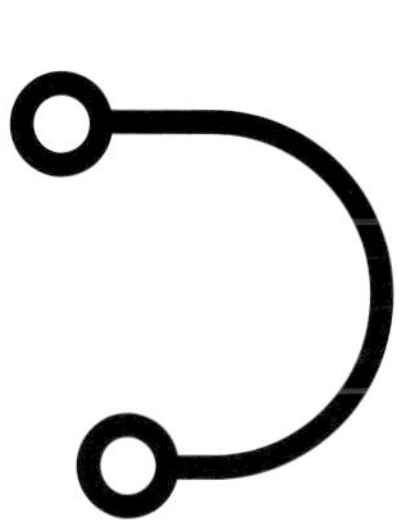

KAF

JUD

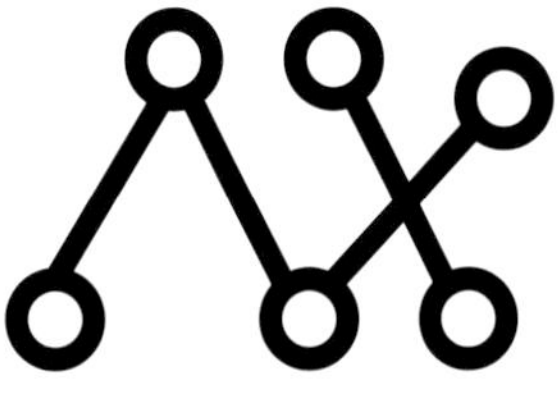

TETH

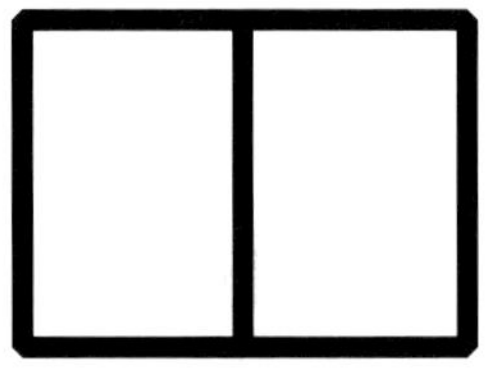

CHETH

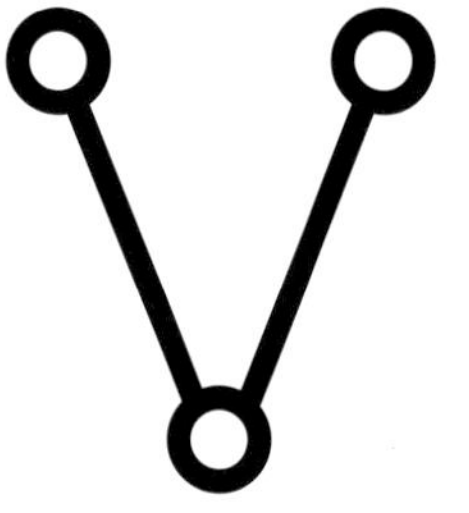

RÉSCH

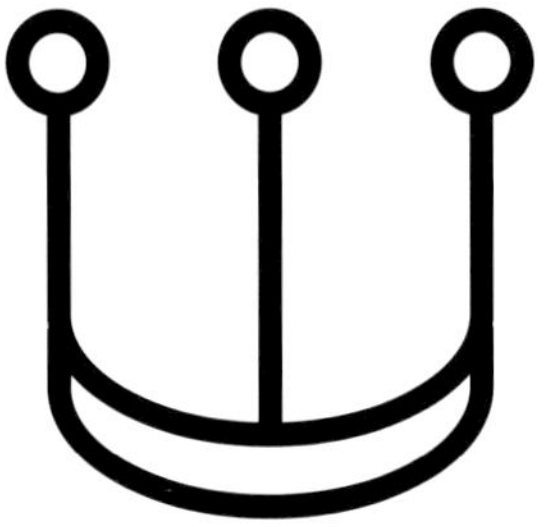

KOF

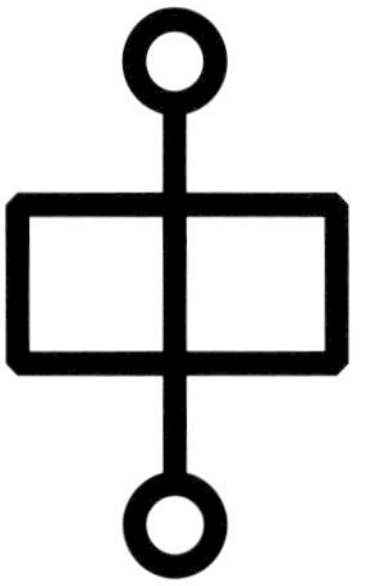

ZADI

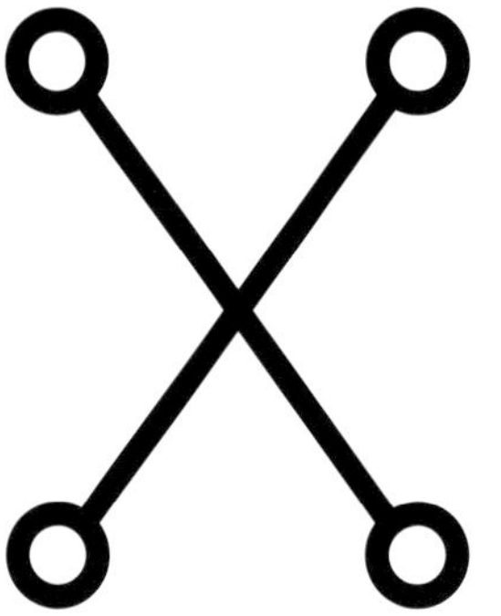

PÉ

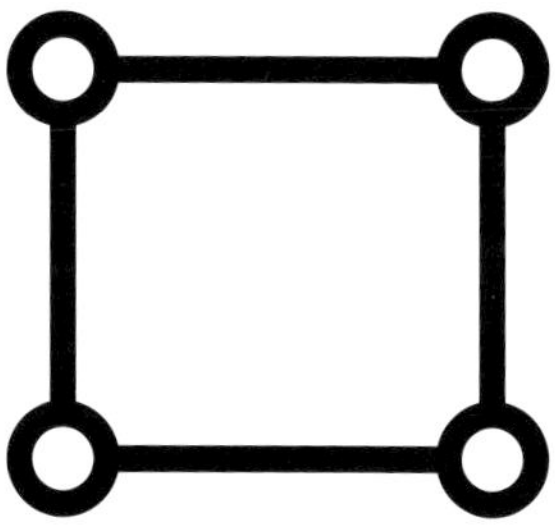

AIJN

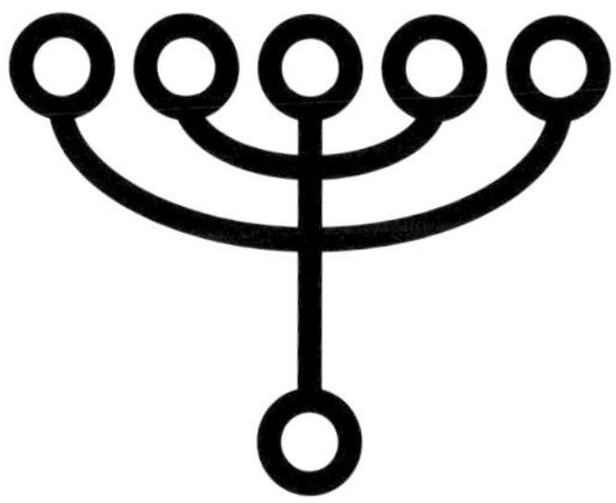

SAMECH

SAMECH

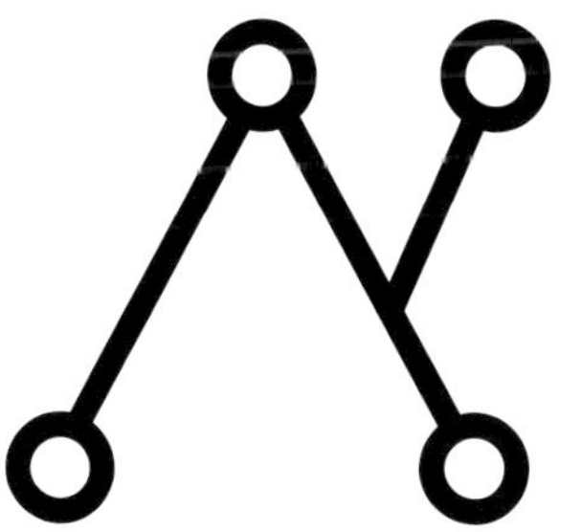

SCHIN

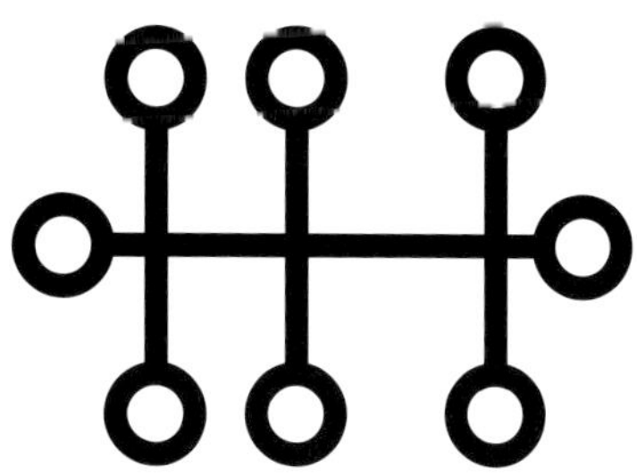

TAV

DAS FLUSSÜBERGANGS-ALPHABET

Heinrich Cornelius Agrippas Flussübergangsschrift verwendet die Namen und Formen des hebräischen Alphabets, die er mit fantasievollen Buchstabenformen kombiniert.

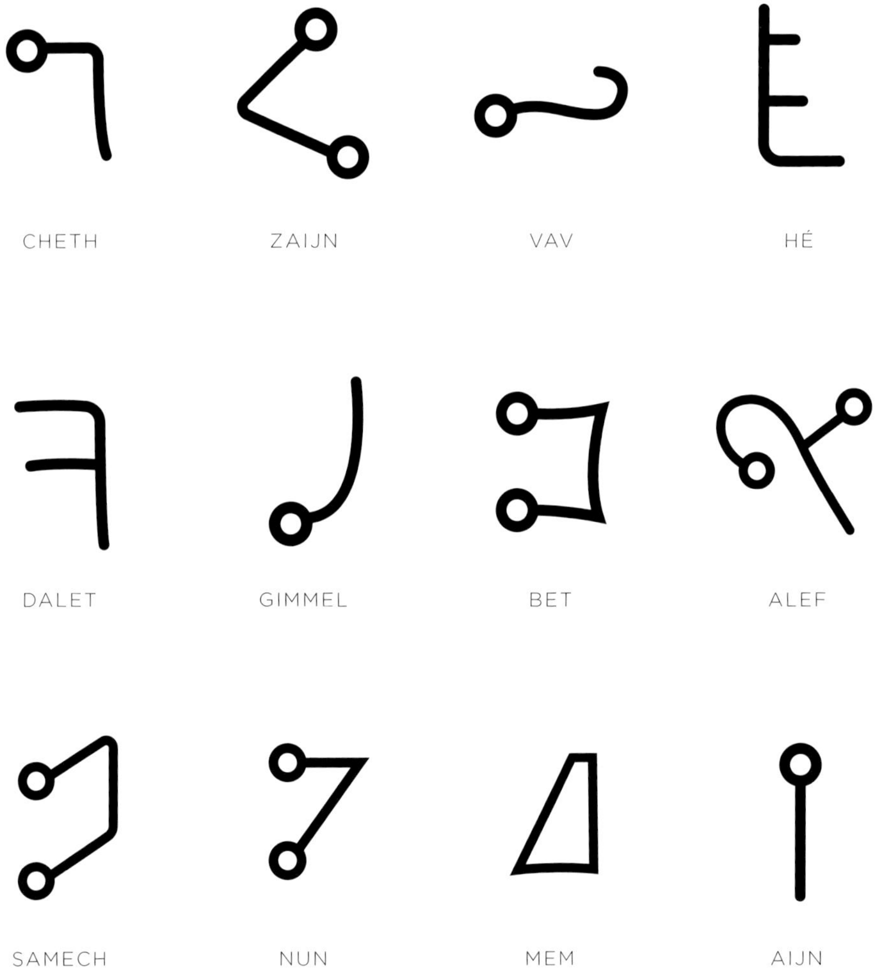

LAMED

KAF

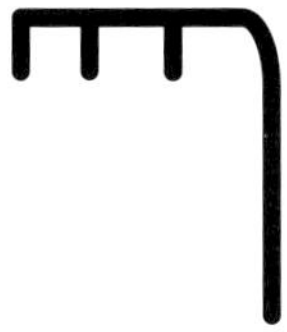

JUD

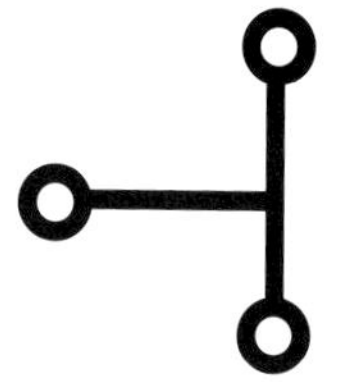

TETH

TAV

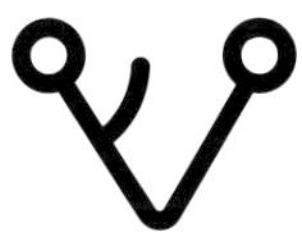

SCHIN

RÉSCH

KOF

ZADI

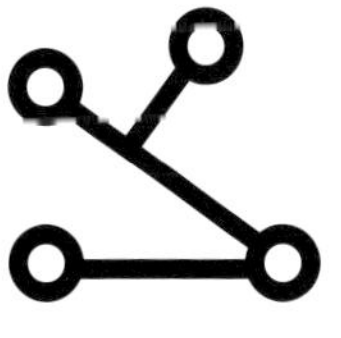

PÉ

DAS HIMMELSALPHABET

Agrippas Himmelsschrift fusst auf denselben Regeln wie die beiden anderen Schriften und nutzt die Symbole des hebräischen Alphabets. Die Schrift soll auf einer uralten astronomischen Lehre beruhen.

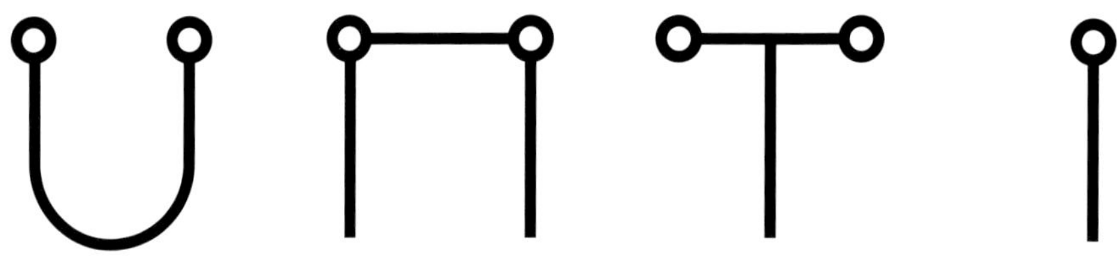

TETH CHETH ZAIJN VAV

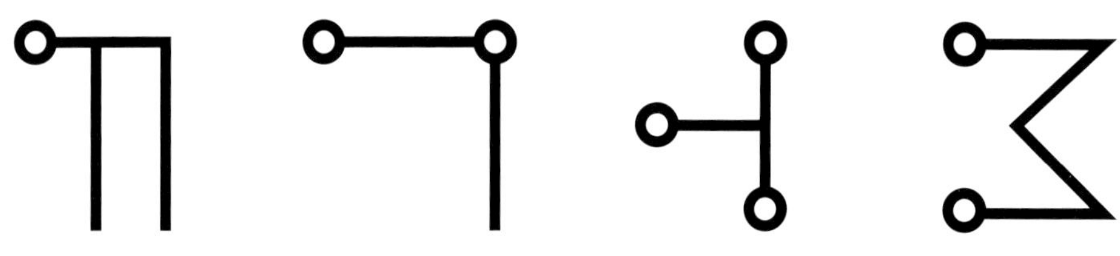

HÉ DALET GIMMEL BET

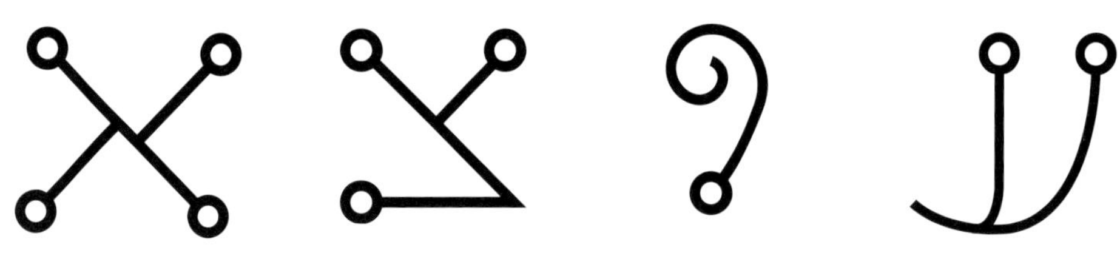

ALEF ZADI PÉ AIJN

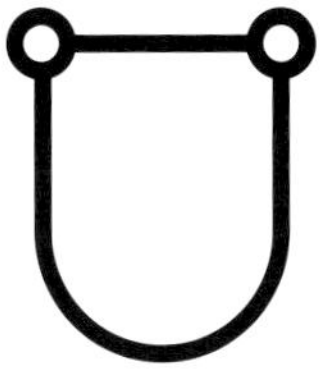

SAMECH

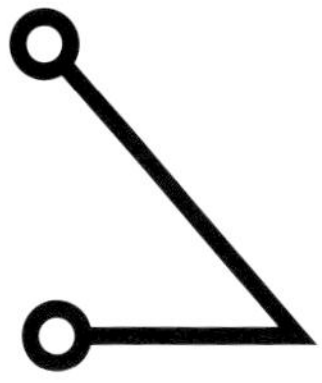

NUN

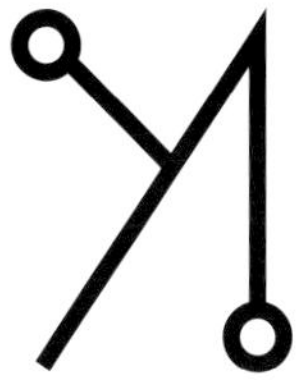

MEM

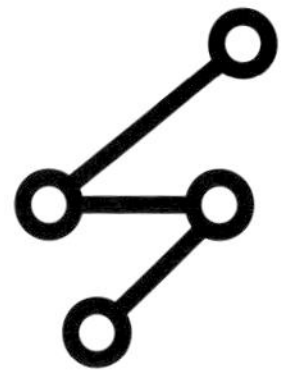

LAMED

KAF

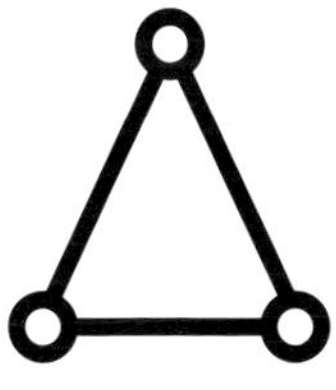

JUD

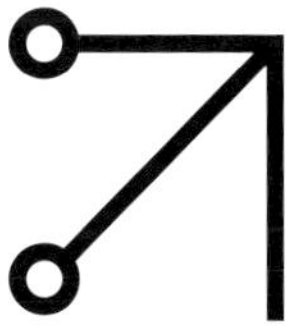

TAV

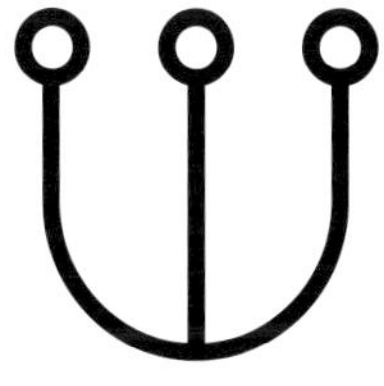

SCHIN

RÉSCH

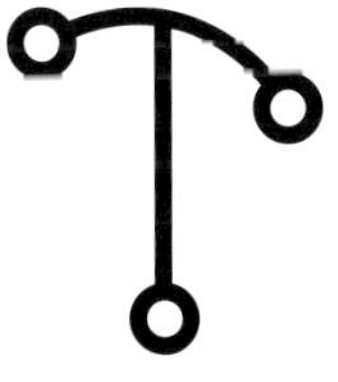

KOF

HENOCHISCH

Sollten Sie an so etwas wie eine Engelssprache glauben, ist Henochisch eine vorsätzliche Täuschung, woran sich die Frage anschließt, wer genau dafür die Urheberschaft trägt. Henochisch taucht erstmals in den Werken des im 16. Jahrhundert tätigen Okkultisten John Dee auf, ob er aber bei der Schöpfung des Alphabets gemeinsame Sache mit seinem Gehilfen und Medium Edward Kelley machte oder ob Kelley Dee bewusst zum Narren hielt, bleibt mysteriös.

1521 lüfteten die Spanier das Geheimnis der Umwandlung von Eisen in Gold, jedoch nicht durch Alchemie, sondern durch Beraubung und Tötung der amerikanischen Ureinwohner. Obwohl die unrechtmäßige Aneignung langfristig zum Niedergang des spanischen Imperiums führte, geriet Spaniens Rivale England im 16. Jahrhundert dadurch ernsthaft ins Hintertreffen. König Heinrich VIII. von England verschlimmerte alles noch, als er sich von der römischen Kirche lossagte. Als er starb, hinterließ er seinen Erben eine bankrotte Staatskasse, ein Reich am Rande des Bürgerkriegs und die Dauergefahr einer vom Papst unterstützten Invasion durch das katholische Spanien.

In dieser Epoche wirkte John Dee (um 1527-um 1609), Hofastronom und -astrologe, Mathematiker, Alchemist, Okkultist, Patriot und treuer Diener Königin Elisabeths I. Hätte er ein Jahrhundert später gelebt, wäre er höchstwahrscheinlich ein gefeiertes Mitglied der Royal Society gewesen, stattdessen bemühte er sich zeit seines Lebens, mit Engeln in Kontakt zu treten. 1582 traf er den skrupellosen Betrüger Edward Kelley oder Kelly (um 1555-um 1598), der Dee überzeugte, ein Medium zu sein und mit übernatürlichen Entitäten in der Engelssprache Henochisch kommunizieren zu können. Dee dokumentierte sorgfältig die von Kelley übermittelten Botschaften und systematisierte die einzelnen erfundenen Buchstaben.

Die siebenjährige Beziehung zwischen den beiden Männern war keine glückliche, führte sie doch zu Dees finanziellem Ruin, zum Ehebruch Kelleys mit Dees viel jüngerer Ehefrau und zum Tod Kelleys infolge seines Scheiterns, Kaiser Rudolf II. die Formel zur Erzeugung des Steins der Weisen zu liefern. Um auf die Anfangsfrage zurückzukommen, ob Dee Kelleys Komplize oder der Betrogene war, so muss sich Dee darüber im Klaren gewesen sein, dass Kelley ein Blender war, aber bereits so weit in seinen Glauben an eine Engelssprache verstrickt war, dass er gezwungenermaßen seine Täuschung aufrechterhalten musste. Nach dem Tod Elisabeths I. 1603 verlor Dee ihre Unterstützung und verstarb diskreditiert und verarmt in London, als England entdeckte, dass Handel die bessere Methode zur Herstellung von Gold war als Magie.

John Dee (oben) erforschte zeit seines Lebens die Engelssprache, sein Gehilfe und Medium dabei war Edward Kelley (unten).

TRITHEMIUS
Edw: Kelly Prophet or Seer to Dr. Dee.

HENOCHISCH

E
GRAPH

A
UN

F
OR

B
PA

N
DRUX

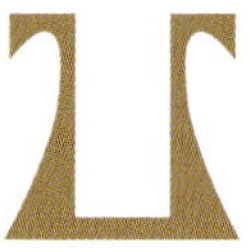

Q
GER

I/Y
GON

M
TAL

T
GISG

R
DON

O
MED

X
PAL

D
GAL

G/J
GED

C/K
VEH

P
MALS

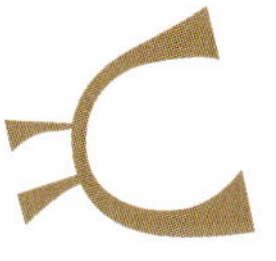

L
UR

H
NA

S
FAM

U/V
VAN

Z
CEPH

SATOR-QUADRAT

Das Sator- oder Rotas-Quadrat besteht aus fünf Spalten und fünf Reihen zu je fünf Buchstaben, die fünf verschiedene Wörter ergeben, die man horizontal und vertikal, vorwärts und rückwärts lesen kann. Obwohl SATOR, OPERA und ROTAS als Nomen und TENET als Verb der lateinischen Sprache erkennbar sind, gilt das nicht für das Wort AREPO, das als Eigenname interpretiert worden ist. Selbst wenn Letzteres der Fall sein sollte, bilden die fünf Wörter keinen wirklich sinnvollen Satz im Lateinischen oder in irgendeiner anderen Sprache. Unabhängig von seiner Sinnhaftigkeit (oder gerade deshalb) wurde das Quadrat seit der Antike als Glücksbringer verwandt, um Unheil abzuwehren. Es wurde von einer Person als Talisman getragen oder an Gebäuden angebracht, um sie und ihre Bewohner vor Feuer, Dieben und anderen menschengemachten und natürlichen Katastrophen zu schützen.

S	A	T	O	R
A	R	E	P	O
T	E	N	E	T
O	P	E	R	A
R	O	T	A	S

R	O	T	A	S
O	P	E	R	A
T	E	N	E	T
A	R	E	P	O
S	A	T	O	R

AMULETTE

Die vermutlich älteste Art Weißer Magie ist das Tragen von Talismanen oder Schutzamuletten, um Unglück oder böse Absichten anderer abzuwehren. Chinesische Daoisten trugen speziell geprägte Münzen, die auch als „Höllengeld" den Vorfahren dargebracht wurden, um ihnen ihre Zeit im Jenseits zu erleichtern. Amulette können auch in Form von Körperteilen gefertigt werden, beispielsweise im Judentum die *Chamsa*, die fünf Finger einer Hand, oder im Islam die *Hamsa* genannte Hand Fatimas, der römische phallische Fascinus und das italienische *Cornicello*. Textbasierte Amulette sind das hebräische *Chai* („Auf das Leben!") und das japanische *Kanai-Anzen* („Schutz der Familie").

FASCINUS

CORNICELLO

DAOISTISCHE MÜNZE

HAMSA

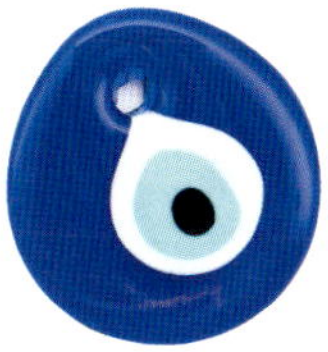

NAZAR

KANAI-ANZEN

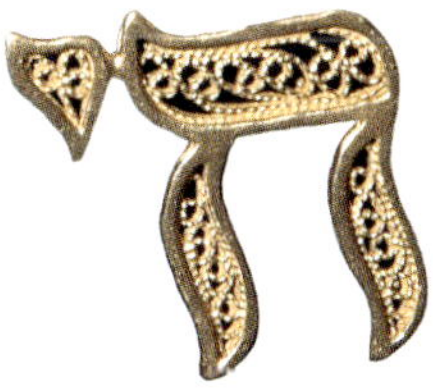

CHAI

SIGILLEN

Wenn ein Magier die Kräfte eines übernatürlichen Wesens beschwören wollte, musste er seinen wahren Namen kennen, der sich von seinem gängigen Namen unterschied. Im Mittelalter und in der Renaissance wurden Grimoires mit Sigillen (lateinisch *sigillum*, „Siegel" oder „Bildchen") angefertigt, die die wahren Namen von Engeln oder Dämonen darstellten, mit denen sie angerufen und beherrscht werden konnten. Während der Frühen Neuzeit wurden Dokumente durch einen Siegelabdruck in Wachs authentifiziert, der eine Person oder Institution kenntlich machte. Es war nur natürlich, dass Magiere dieselben Regeln für die Erstellung von Sigillen oder Siegeln für Planetengeister, Engel und Erzengel anwandten.

Der landläufigen Vorstellung nach war Magie im Mittelalter und in der Renaissance vor allem mit den schwarzmagischen Künsten der Dämonologie und Nekromantie befasst, deren Symbole im nächsten Kapitel behandelt werden. Wenngleich Schwarze Magie und Dämonologie tatsächlich existierten, bildete sich parallel dazu eine Weiße Magie heraus, die versuchte, Kontakt mit wohlwollenden übernatürlichen Kräften wie Engeln, Erzengeln und Planetengeistern aufzunehmen. Eines der mächtigsten von Okkultisten geschaffenen Sigillen war das Siegel Salomons, der als Verfasser verschiedener Zauberbücher galt, die das Heraufbeschwören von Engeln, die Kontrolle von Dämonen sowie das *Sigillum Dei* (Siegel Gottes) thematisieren.

Erzengel treten erstmals in den Büchern Henoch und Tobit der hebräischen Bibel, dem *Tanach*, in Erscheinung, wo sie als die sieben „Wächter" beschrieben werden, die im Auftrag Gottes die Menschheit überwachen. Das Wort für Engel im Hebräischen lautet *mal'ach,* was „Bote" bedeutet, und das aus dem altgriechischen *angelos* abgeleitete Wort „Engel" bezeichnet ebenfalls einen „Boten". Erzengel kommen auch im Christentum und Islam vor, allerdings besteht keine Übereinstimmung hinsichtlich ihrer genauen Anzahl, Macht und Namen.

Auf den folgenden Seiten werden zwei unterschiedliche Sätze von Siegeln der Erzengel gezeigt, die in der Renaissance entstanden sind. Der erste stammt aus den Werken von Johann Georg Faust (um 1480-um 1541), dem Doktor Faustus, der in Christopher Marlowes Drama von 1604 einseitig als infam geschildert wird. Der zweite findet sich im französischen *Grimoire Armadel* aus dem 17. Jahrhundert, das seine Bekanntheit in okkulten Kreisen der Übersetzung des englischen Okkultisten und Gründers des Hermitischen Ordens der Goldenen Morgenröte Samuel Liddell MacGregor Mathers (1854–1918) verdankt.

Der Erzengel Michael tötet den Drachen, Ikone aus dem 17. Jahrhundert von Theodoros Poulakis (1620–1692).

PLANETENSIGILLEN

Im zweiten Buch der *De Occulta Philosophia* gab Heinrich Cornelius Agrippa Anweisungen zur Herstellung von Planetensiegeln durch die Anwendung der jedem Himmelskörper zugeordneten „heiligen Planetentabellen", die ihre „Intelligenzien" und „Geister" bestimmten. Darüber hinaus erläuterte er, wie die Siegel für magische Zwecke benutzt werden könnten, wenn sie in verschiedene Metalle geritzt werden. Das Siegel des Saturn beispielsweise, das auf ein Stück Blei aufgetragen wird, könnte je nach Gebrauch einem Menschen erfolgreich in seinen Bitten um Reichtum und Macht Gehör verschaffen oder sein Herausfallen aus Gunst und Gelingen bewirken.

SIEGEL DER SONNE

SIEGEL DES MONDS

SIEGEL DES JUPITER

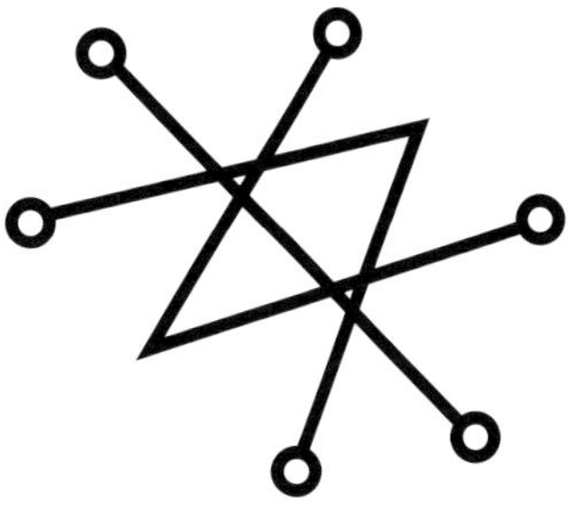

SIEGEL DES SATURN

SIEGEL DER VENUS

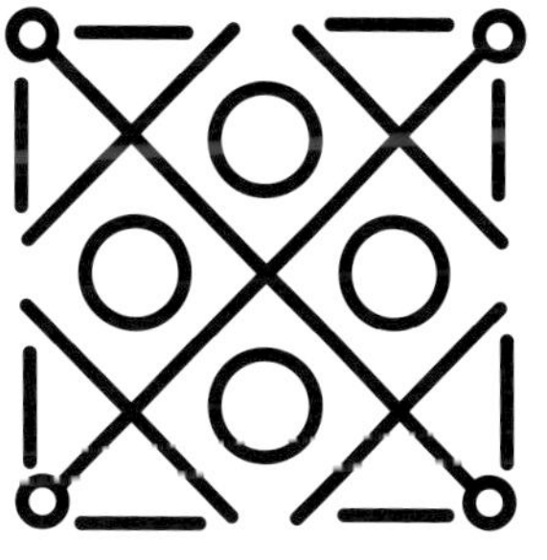

SIEGEL DES MERKUR

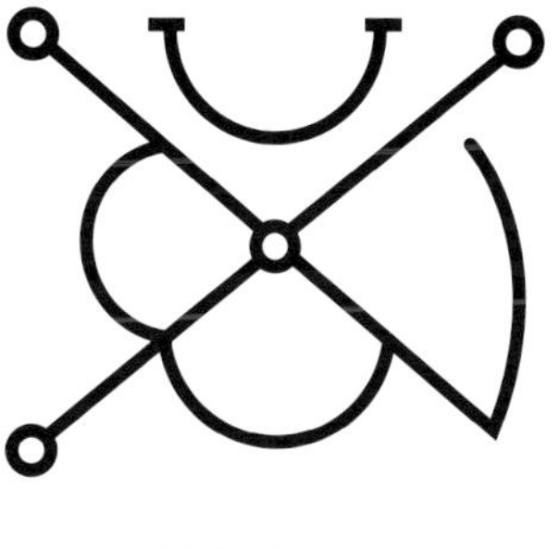

SIEGEL DES MARS

SIGILLEN DER ERZENGEL

Im Vergleich zu den relativ einfachen Mustern der Planetensigillen von Heinrich Cornelius Agrippa sind die Sigillen der Erzengel von Faust und aus dem *Grimoire Armadel* wesentlich komplexer, die aus der astrologischen Lehre entlehnte Symbole enthalten, darunter die Planeten und Tierkreiszeichen sowie griechische, lateinische und hebräische Buchstaben. Die Sigillen wurden als Schutzamulette und in magischen Ritualen verwandt, um die Macht der Erzengel herbeizurufen, damit sie den Zwecken des Okkultisten dienten.

DIE ERZENGELSIEGEL GEMÄSS DEM *GRIMOIRE ARMADEL*

GABRIEL

MICHAEL

RAPHAEL

SAMUEL

URIEL

ZADKIEL

DIE ERZENGELSIEGEL GEMÄSS JOHANN GEORG FAUST

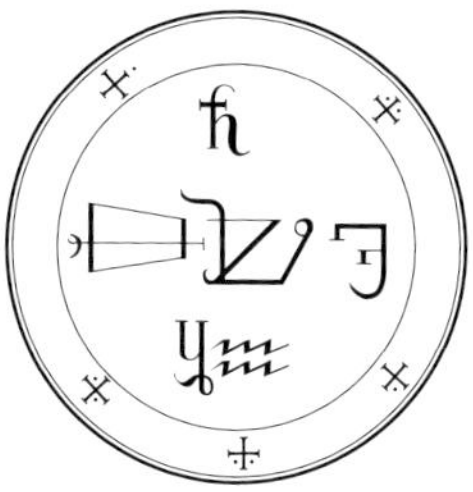

CASSIEL

GABRIEL

MICHAEL

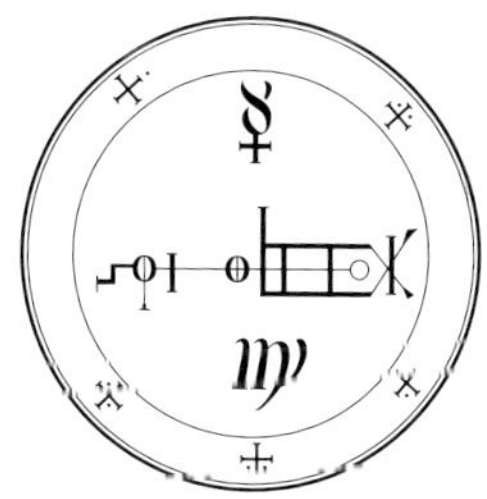

RAPHAEL

SACHIEL

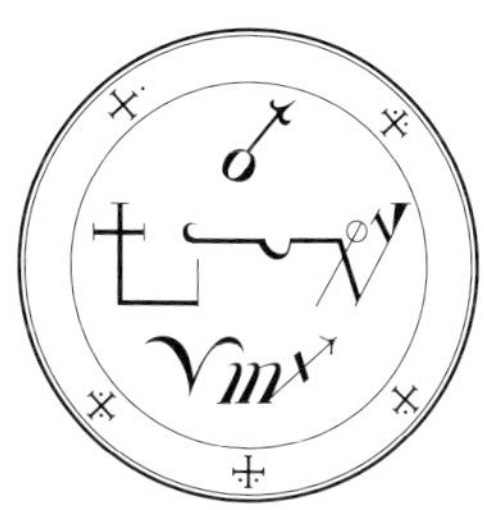

SAMAEL

SIGILLUM DEI

Dem heutigen Leser muss die Idee eines Okkultisten, den Christengott für magische Zwecke zu benutzen, wie ein Widerspruch in sich selbst erscheinen, weil unsere Sicht der Magie in direktem Gegensatz zur Religion steht. John Dee, der trotz seines Interesses am Okkultismus ein seriöser Wissenschaftler und gläubiger Christ war, betrachtete Weiße Magie als eine Form der Erkenntnis zur Besserung der Menschheit. Die Einzelheiten des Sigillum Dei, das den Namen Gottes und seiner Erzengel trägt, offenbarte ihm Edward Kelley, der behauptete, es von den Engeln selbst erhalten zu haben, sodass Dee keinen Zweifel hegte, das Sigill für magische Zwecke zu verwenden, ohne sich Gottes Zorn zuzuziehen.

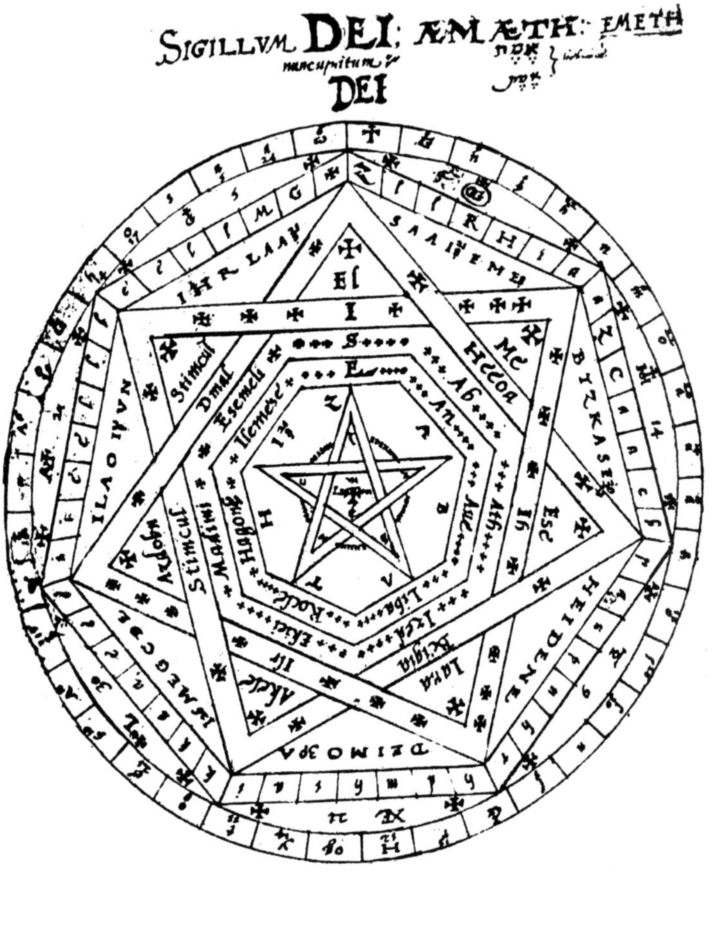

SIEGEL SALOMONS

Im islamischen Volksglauben gewährte Allah König Salomon die Macht, Dämonen zu beherrschen, sogenannte *Dschinn*, eine Ableitung aus dem lateinischen „genius" („Geist"). Im Gegensatz zum freundlichen Geist aus der Lampe in „Tausendundeine Nacht" waren Dschinn bösartige Wesen, die Menschen eher Schaden zufügten als ihnen zu helfen. Der Legende nach wurden Salomons Kräfte durch einen aus Eisen und Messing gefertigten Zauberring gebündelt, dem ein sechszackiger Stern oder Hexagramm einbeschrieben war, besser bekannt als Davidstern, dem Emblem des Judentums und des Staates Israel. Okkultisten benutzten das Salomonssiegel als Schutz vor Dämonen und Schwarzer Magie.

KARTOMANTIE

Als Spielkarten im 14. Jahrhundert in Europa eingeführt wurden, erregten sie sofort die Missbilligung der Kirche, allerdings nicht wegen irgendeiner Verbindung zur Kartomantie, sondern weil man sie mit Trägheit, frivolen Freuden und Glücksspiel verknüpfte. Das Wahrsagen aus Karten entstand erst im 18. Jahrhundert, als Okkultisten die Bühne betraten, die eher unterhalten wollten als nach verborgenem okkultem Wissen zu suchen.

Parallel zur Entstehung der Kartomantie setzte eine Neudefinition der Beziehung zwischen bestimmten okkulten Praktiken, den christlichen Kirchen und einer breiteren Gesellschaft ein. In den vorhergehenden Jahrhunderten hatten Okkultismus und Magie, ob Weiße oder Schwarze, die christliche Lehre mit neuartigen theologischen und kosmologischen Erklärungen konfrontiert, die auf alten Erkenntnissen und alchemistischen Theorien beruhten. Im 18. Jahrhundert sahen sich die Kirchen jedoch einer viel größeren Herausforderung entgegengestellt durch die neue Rationalität, die von den Schriften einer von Vernunft geleiteten Philosophie und wissenschaftlichen Entdeckungen ausging und den Glauben an eine biblische Offenbarungsreligion dem Aberglauben an die Macht der Magie und des Okkulten gleichsetzte.

Kartomantie besaß eine seriöse okkulte Grundlage, die der französische Pfarrer und Freimaurer Antoine Court de Gébelin (1725–1784) erstmals formulierte, was ihn im vorrevolutionären und überwiegend katholischen Frankreich zur Randfigur machte. In seinem mehrbändigen Werk *Le Monde primitif* entwickelte Court die Theorie einer fortschrittlichen, universellen und vorklassischen Kultur und Sprache. Trotz seiner ernsthaften Beiträge zur Sprachwissenschaft erinnert man sich vor allem an seinen Aufsatz in *Le Monde primitif* über Tarot, das er auf das altägyptische, wohl erfundene *Buch von Thot* zurückführte.

Jean-Baptiste Alliette (1738–1791), der seinen Nachnamen rückwärts gelesen in Etteilla wandelte, reklamierte Courts Werk als sein eigenes und veröffentlichte ein Jahr nach dessen Tod so das erste Buch über die Weissagung aus dem Tarot. Er machte allerdings die Kartomantie salonfähig, indem er ihr den Anschein eines harmlosen Unterhaltungsspiels gab. Er war der erste professionelle Wahrsager, seinen Lebensunterhalt bestritt er aus Privatlesungen und Buchverkäufen. Es war jedoch die Tochter eines Tuchhändlers namens Marie-Anne Lenormand (1772–1843), die die Kartomantie etablierte und daraus ein Vermögen schuf. Sie behauptete, Lichtgestalten wie Robespierre, Napoleon und Joséphine oder Zar Alexander I. beraten zu haben, allerdings wartete sie damit bis nach deren Tod.

Klassische Motive für das Wahrsagen aus Tarotkarten. Abgebildet sind die großen Arkana.

THE FOOL.
XIII
DEATH.
II
THE HIGH PRIESTESS
XXI
THE WORLD.
VIII
STRENGTH.
VII
THE CHARIOT.

XVI
THE TOWER.
XX
JUDGEMENT.
XVIII
THE MOON.
XXI
THE WORLD.

DIE GROSSEN ARKANA IM TAROT

Das Tarot hat seinen Ursprung in italienischen Spielkartendecks mit Sätzen aus denselben Symbolen wie die islamischen ägyptischen Decks, nämlich Kelchen, Stäben, Schwertern und Münzen. Das Tarot besteht aus vier Sätzen zu je zehn Zahlen- und vier Hofkarten – König, Königin, Ritter und Page – und zweiundzwanzig Trumpfkarten einschließlich eines Narren. Die Zahlen- und Hofkarten bilden die kleinen Arkana, die Trumpfkarten die großen Arkana, wenn sie im Tarot als Wahrsagekarten benutzt werden. Das abgebildete Deck schufen der britische Okkultist Arthur Rider Waite (1857–1939) und Pamela Colman Smith (1878–1951). Die Karten wurden vom Werk des französischen Okkultisten Éliphas Lévi (1857–1941) beeinflusst, dem zufolge das Tarot schon zu Zeiten von Moses existierte und das „Wissen des *Buches von Hermes*" enthielt.

VI
THE LOVERS.

VII
THE CHARIOT.

VIII
STRENGTH.

IX
THE HERMIT.

X
WHEEL of FORTUNE

XI
JUSTICE.

XII
THE HANGED MAN.

XIII
DEATH.

XIV
TEMPERANCE.

DIE GROSSEN ARKANA IM TAROT

FRANZÖSISCHE SPIELKARTEN

Spielkarten wurden im 9. Jahrhundert während der Tang-Dynastie in China erfunden, von wo aus sie sich wie viele chinesische Erfindungen langsam über die Seidenstraße nach Westen verbreiteten, zunächst in der islamischen Welt, in der sie im 11. Jahrhundert Ägypten erreichten, um schließlich von dort nach Europa zu gelangen, wo ihre Verwendung als Spielkarten in Kartenspielen nachweislich im späten 14. Jahrhundert verbürgt ist. Anfangs variierten die Spielkartendecks hinsichtlich der Kartenanzahl und der Bezeichnung der Sätze, ehe die vier Sätze der französischen Decks Usus wurden: *cœurs* (Herz), *piques* (Pik), *trèfles* (Kreuz) und *carreaux* (Karo). Die Einführung der Kartomantie mit Spielkarten geht auf Marie-Anne Lenormand zurück.

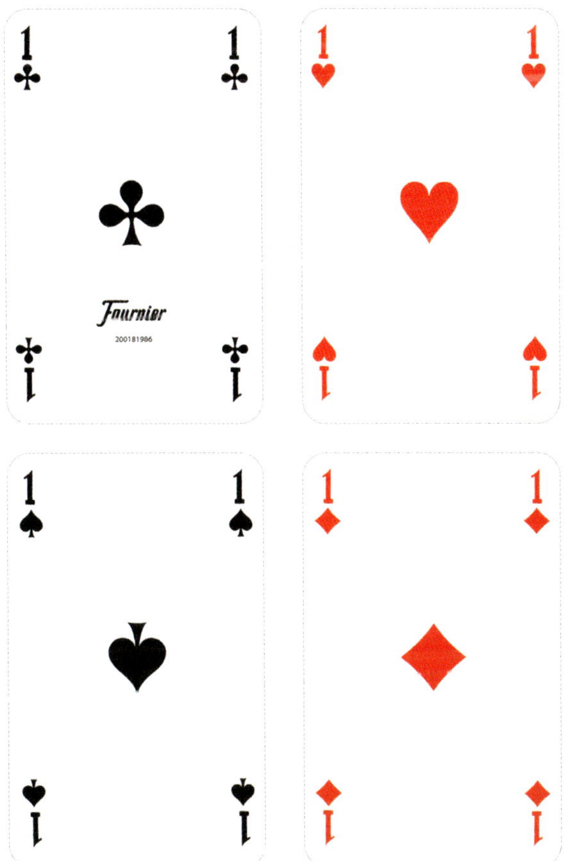

FRANZÖSISCHE SPIELKARTEN

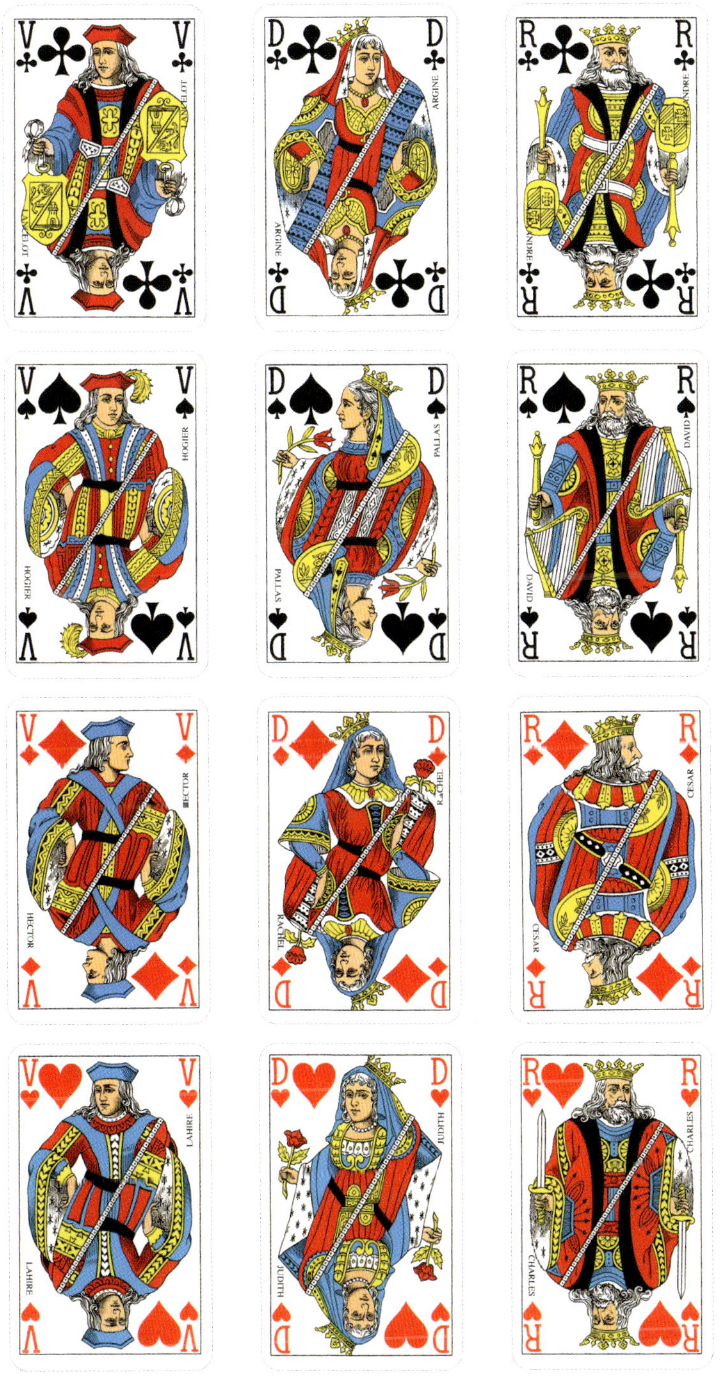
ARGINE
HOGIER
PALLAS
DAVID
HECTOR
RACHEL
CESAR
LAHIRE
JUDITH
CHARLES

6

SCHWARZE MAGIE & DÄMONOLOGIE

Den besten Beweis für den tief verwurzelten Glauben an Schwarze Magie in der Frühen Neuzeit liefern diejenigen, die ihre Existenz nachzuweisen versuchten, um sie zu bekämpfen, und diejenigen, die sie als inexistent betrachteten und die Ausübenden entweder für Betrüger oder geistig verwirrt hielten.

Die meisten seriösen Wissenschaftler sind der Ansicht, dass der Hexenwahn, der von Mitte des fünfzehnten bis Mitte des achtzehnten Jahrhunderts in Europa tobte und Hunderttausende unschuldige Opfer gefordert hat, ein Beispiel für Massenwahn war, eine Art von moralischer Panik oder Hysterie, die infolge der Reformation und Religionskriege im sechzehnten und siebzehnten Jahrhundert stark verbreitet war.

Es besteht kein Zweifel daran, dass der Großteil der europäischen Bevölkerung in der Renaissance an die Existenz von Schwarzer Magie, Hexerei und Dämonologie auf Kosten Abertausender glaubte, die eingekerkert, gefoltert, gehängt oder auf dem Scheiterhaufen als Hexen verbrannt wurden. Das meiste, das wir über die Praktiken von Hexen und Dämonologen wissen, stützt sich auf zwei Quellen: Personen, die sie verfolgten und deren Macht, Status sowie Einnahmen von der Entfachung allgemeiner Hysterie im Kampf gegen Schwarze Magie abhingen, und Gelehrte, die argumentierten, dass es keine Hexerei gebe und wer behauptete, über satanische Macht zu verfügen, ein Scharlatan oder geistig verwirrt sei.

Die berühmtesten Hexenjäger waren der deutsche Inquisitor Heinrich Kramer (um 1430–1505), dessen *Malleus Maleficarum* (Hexenhammer) für die Verbreitung des späteren Volksglaubens an Hexerei verantwortlich war, und der selbst ernannte Generalinquisitor Englands, Matthew Hopkins (um 1620–1647), der *The Discovery of Witches* verfasste. Führende Gegner des Hexenwahns waren Johann Weyer (um 1515–1588), ein niederländischer Student von Heinrich Cornelius und Autor der *De Praestigiis Daemonum* (Von den Blendwerken der Dämonen, 1563), und der englische Schriftsteller Reginald Scot (1538–1599), der 1584 *The Discoverie of Witchcraft* veröffentlichte.

Angesichts der Gefährlichkeit, sich als Schwarzmagier oder Dämonologe zu bekennen, ist es nicht überraschend, dass die erhaltenen schwarzmagischen Mittelalter- und Renaissance-Grimoires anonym sind oder fiktiven Verfassern wie König Salomon oder dem mythischen Abraham von Worms und Honorius von Theben zugeschrieben wurden. Hinsichtlich der magischen Praktiken und Vorstellungen bewegte man sich im Rahmen weißmagischer Renaissance-Rituale und verwandte dieselbe Theorie der Amulette und Sigillen, um dämonische Wesen anzurufen, deren Bezeichnungen als Höllenprinzen, -generäle und -herzöge denen der hierarchischen Anordnung der Engelchöre entsprachen, die analog zu den europäischen Ständen jener Zeit gebildet wurden.

Gefallener Engel *von Alexandre Cabanel, 1847.*

SET ODER SETH

altägyptischer Wüsten- und Unwettergott

AHRIMAN ODER ANGRA MAINYU

Verkörperung des Bösen im Zoroastrismus

AHRIMAN & SET

Polytheistische Religionen, in denen nicht nur der eine allgegenwärtige, allmächtige Schöpfergott verehrt wurde, der alles, was gut war, darstellte, bedurften keiner Gottheit, die alles Böse verkörperte. Im Pantheon der Griechen beispielsweise kam Hades, der über die Unterwelt und die tiefste Hölle des Tartarus herrschte, wo diejenigen Qualen erlitten, die sich den Göttern widersetzt oder sie beleidigt hatten, dem christlichen Teufel noch am nächsten. Er selbst war jedoch weder böse noch versuchte er, Menschen zu verderben, da jeder, egal, ob gut oder böse, in seinem Totenreich endete. Ganz ähnlich verhält es sich mit Set, dessen Charakterisierung als böse eine Fehlinterpretation seiner Rolle in der altägyptischen Religion ist. Im dualistischen Zoroastrismus findet sich eine tatsächliche Verkörperung des Bösen in der dämonischen Gestalt des Ahriman, der einigen Gelehrten zufolge die christliche Vorstellung des Teufels beeinflusst haben soll.

Der altägyptische Gott Set (oder Seth) personifizierte die Stürme und das Chaos sowie die Unordnung in der Wüste. Als die Assyrer, Perser und Griechen Ägypten eroberten, wurde Set als Gott der Fremden dämonisiert. In seiner Anrufung als Gott der Wildnis wurde Set in Feindschaft zu Osiris und dessen Sohn Horus gesetzt, die für die Ordnung und Zivilisation des Nildeltas standen, allerdings spielte Set in der ägyptischen Religion auch ein positive Rolle, da er den Hauptgott Re in seinem Kampf mit der riesigen Schlange Apophis unterstützt.

Zoroastrismus ist als eine dualistische Religion beschrieben worden, in der sich die Kräfte des Lichtes in Gestalt von Ahura Mazda und der Finsternis, die von Ahriman (oder Angra Mainyu) symbolisiert wird, im Gleichgewicht befinden, was an die chinesischen Vorstellungen von Yin und Yang erinnert. Als der Zoroastrismus in seiner Spätphase immer monotheistischer wurde, verkörperte Ahriman das Böse und führte die Menschen auf Abwege, vor dem Tag des Gerichts würde Ahura Mazda ihn jedoch besiegen – eine Eschatologie, die an spätere christliche Doktrinen über Gut und Böse, Sünde und Jüngstes Gericht denken lässt.

In der mittelalterlichen Theologie brauchte der allmächtige christliche Gott des Lichtes und der Güte einen dunklen, dämonischen Widersacher, um nicht nur die Existenz des Bösen zu rechtfertigen, sondern auch um die Lehre vom Sündenfall zu erklären, als die Schlange Adam und Eva im Paradies verführte. Die Hierarchie der Himmelsscharen mit ihren Engelchören bildete die Schablone für die von Prinzen, Herzögen und Generälen angeführten dämonischen Legionen, die ihrem Kaiser, dem gefallenen Engel Luzifer, der als Satan zur Inkarnation des Bösen wurde, getreulich dienten.

VERKÖRPERUNGEN DES BÖSEN

Im Judentum gibt es kein Konzept der Personifikation des Bösen, da es im freien Willen des Menschen steht, sich ohne die Mitwirkung eines Dämonen selbst auf Abwege zu bringen und die Gebote Gottes zu missachten. Die christliche Theologie sah sich hingegen immer mit dem Problem konfrontiert, eine Erklärung zu finden, weshalb ein allmächtiger, allgegenwärtiger Gott der Liebe und Vergebung die Existenz des Bösen in der Welt zulassen kann. Die Antwort war ein Widersacher des Gottes der Liebe, der alles Abscheuliche und Schlechte verkörperte. Aber wie hätte ein solches Wesen entstehen können, wäre es doch ebenfalls ein Geschöpf Gottes? Was Luzifers Sturz anbelangt, widersetzt er sich in seinem Stolz und seiner Überheblichkeit Gott und rebelliert, um schließlich als Satan oder Höllenfürst zu enden.

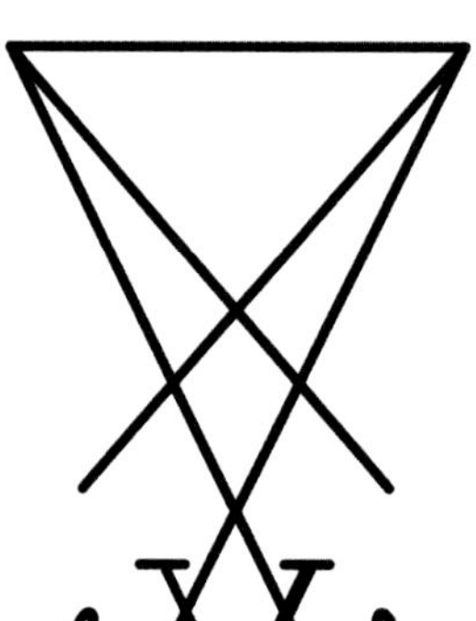

LUZIFER

Das Sigill des gefallenen Engels Luzifer, der auch als Morgenstern bekannt ist und mit dem Planeten Venus assoziiert wird. Er wird aus dem Himmel verbannt, wandelt sich zum Biest sowie Urheber der Lügen und wird als Teufel der große Widersacher in der christlichen und islamischen Theologie.

SATAN

Das umgekehrte Pentagramm gilt allgemein als Symbol der Schwarzen Magie und aller satanischen Handlungen. Satan wird mit der Schlange verbunden, die Adam und Eva verführt und somit Urheberin der ersten Sünde wird, wodurch des Menschen freier Wille entsteht, der aber mit seiner Verurteilung zum Tod einhergeht. Als Verführer der Verdammten wird Satan sie nach dem Jüngsten Gericht auf ewig peinigen.

DER ANTICHRIST

Die „Zahl des Tieres", die manchmal als 666 dargestellt wird (s. Seite 146), steht für den Antchrist. In seiner christlichen Inkarnation während der „Endzeit" ist Satan der Antichrist, das Tier. Der Anti-Messias wird in die Welt der Menschen hineingeboren, die er im Schlusskampf der Schlacht von Armageddon endgültig zerstört.

BAPHOMET & DIE TEMPLER

Gemäß den unter Folter erpressten Geständnissen verehrten die Tempelritter ein Idol in Gestalt einer Satansfigur mit Ziegenkopf und weiblichen Brüsten namens Baphomet. Obwohl sie ihre Geständnisse widerriefen, wurden die Angeklagten als Satanisten und Ketzer auf dem Scheiterhaufen verbrannt. Aber was war der wahre Grund für ihre Verhaftung und Verfolgung? Gab es tatsächlich irgendwelche Beweise für ihre abgöttische Anbetung Baphomets?

Zwanzig Jahre nach der Eroberung Jerusalems 1099 und der Errichtung der Kreuzfahrerstaaten blieb das Heilige Land vor allem durch Überfälle von Räubern so gefährlich, dass ein französischer Ritter namens Hugues de Payens (1070–1136) den König von Jerusalem ersuchte, ihm die Gründung eines christlichen Ritterordens zu erlauben, um die Pilger und die heiligen Stätten zu schützen. Der König gab ihm sein Wort und quartierte die „Arme Ritterschaft Christi und des salomonischen Tempels" (oder Templer) in einem Flügel seines Palasts, der heutigen Al-Agsa-Moschee, auf dem Tempelberg in Jerusalem ein, den die Ritter für die Überreste des salomonischen Tempels hielten.

Die Kreuzfahrerstaaten bestanden bis 1192, als die Christen von den arabischen Heeren unter Saladin vertrieben wurden. Die Templer zogen sich auf die Insel Zypern zurück. Nachdem sie ihre ursprüngliche Aufgabe verloren hatten, häuften sie erhebliche Vermögenswerte durch internationale Handels- sowie Finanzgeschäfte an und schufen so etwas wie das weltweit erste multinationale Unternehmen. Sie verliehen Geld an die gekrönten Häupter Europas, darunter König Phillipp IV. der Schöne von Frankreich. 1307 lud Phillipp den Großmeister der Templer Jacques de Molay ein, um angeblich mit ihm die Finanzierung eines neuen Kreuzzugs zu besprechen. Tatsächlich hatte der König, der unter ständigem Geldmangel litt und hoch verschuldet war, sich längstens auf eine neue Lösung seiner finanziellen Nöte festgelegt, nämlich das Vermögen der Templer an sich zu reißen. Um seine Ansprüche gegen einen alten und angesehenen Orden zölibatärer christlicher Ritter zu rechtfertigen, musste er beweisen, dass sie sich der abscheulichsten Verbrechen gegen Gott und die Kirche schuldig gemacht hatten. Unter Folter gestanden die Ritter Zauberei, sodomitische Initiationsrituale und die abgöttische Verehrung Baphomets.

Baphomet war der Name für etwas, das mittelalterliche Christen für ein islamisches Götzenbild hielten, weil sie irrtümlich annahmen, der Islam sei eine polytheistische heidnische Religion. Die Entstehung des Ordens im Nahen Osten brachte Phillipp und seine Ratgeber womöglich auf die Idee, die Templer wegen Abgötterei und gewisser Initiationsriten anzuklagen, in denen irgendeine Art von „Idol" angebetet wurde.

Zwei mutmaßliche Rekonstruktionen von Baphomets Götzenbild, das die Tempelritter angeblich angebetet und während ihrer blasphemischen Initiationsrituale benutzt haben sollen. Falls ein solches Idol jemals bestanden hat und nicht der lebhaften Fantasie von Phillipps Inquisitoren entsprungen ist, muss es lange vor diesen Abbildungen aus dem neunzehnten und zwanzigsten Jahrhundert zerstört worden sein. Der Mythos der Templer und ihr vorgeblicher Besitz der Bundeslade und des Heiligen Grals haben viele pseudohistorische Publikationen und Fernsehsendungen befeuert.

SIGILL MIT DEM FÜNFECK BAPHOMETS

DIE „SABBATISCHE ZIEGE" IN DER GESTALT BAPHOMETS

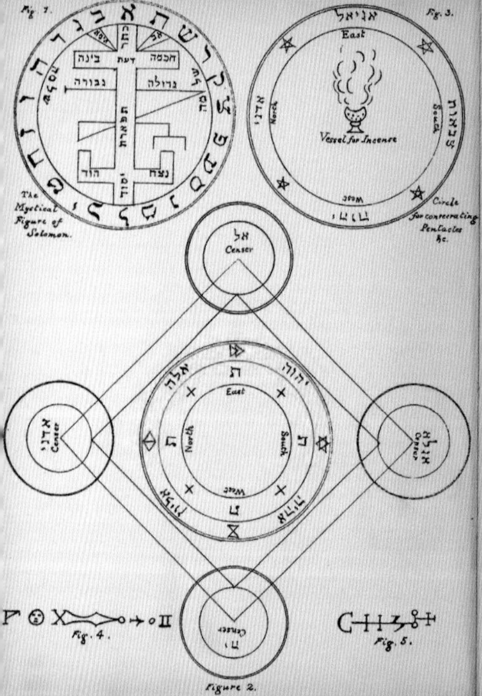

THE

KEY OF SOLOMON THE KING

(*CLAVICULA SALOMONIS*)

Now first Translated and Edited from Ancient MSS. in the British Museum

BY

S. LIDDELL MACGREGOR MATHERS

Author of "The Kabbalah Unveiled," "The Tarot," &c.

WITH PLATES

LONDON
GEORGE REDWAY
YORK STREET COVENT GARDEN
1889

GRIMOIRES

Die westliche Tradition der Dämonologie beruht auf einer Handvoll Grimoires, ein aus dem altfranzösischen *gramaire* (Grammatik) abgeleitetes Wort, das ursprünglich jedes lateinische Werk bezeichnete. Die meisten noch erhaltenen Versionen schwarzmagischer Grimoires lassen sich eindeutig auf das 18. und 19. Jahrhundert datieren, allerdings behauptete man, sie reichten zurück bis ins Mittelalter, in die Frühe Neuzeit oder die Antike. Einige sind nur überliefert, weil sie zum Beispiel betrügerischen Okkultisten als Abbildungen von Zaubertricks dienten. Die meisten verdanken ihre Bekanntheit aber dem Umstand, dass sie von Okkultisten des 19. und 20. Jahrhunderts übersetzt, illustriert und herausgegeben wurden.

In einer vorliterarischen Gesellschaft konnte ein handschriftlich auf Pergament verfasstes Buch mit geheimnisvollen Zeichnungen ein Band über Ackerbau oder Euklidische Geometrie sein oder ein Grimoire voller Beschwörungen, um Dämonen herbeizurufen und zu beherrschen. Zweifellos war der Besitz alter Manuskripte und Grimoires damals ein wirksames Werbemittel für Schwarzmagiere oder Dämonologen, um potenzielle Kunden zu beeindrucken, so wie heute die gefälschten Abschlüsse und Doktortitel an den Wänden von Quacksalbern.

Es gab natürlich schwarzmagische Grimoires. Sie enthielten für gewöhnlich Anweisungen, wie man übernatürliche Kräfte nutzen konnte, um reich zu werden, die Gunst der Mächtigen zu erlangen oder die Kontrolle über andere durch die Beschwörung dämonischer Wesen zu gewinnen. Sie wurden in alten Sprachen oder Chiffren geschrieben, damit Uneingeweihte ihre magischen Geheimnisse nicht verstehen konnten.

Die bekanntesten Grimoires sind das *Clavicula Salomonis* (Der Schlüssel Salomons) und das *Lemegeton Clavicula Salomonis* (Der kleine Schlüssel Salomons), die beide dem schon lange toten König Salomon zugeschrieben wurden, weil jeder anderen lebenden Person, die sich als Autor bekannt hätte, ein Inquisitionsverfahren mit Einkerkerung, Folter und Hinrichtung gedroht hätte. Gemäß Okkultisten des 19. und 20. Jahrhunderts wie É. Lévi, A. Crowley und S. Liddell MacGregor Mathers, die ihre Verkäufe aus Übersetzungen ankurbeln wollten, war das gefährlichste Grimoire der salomonischen Tradition das *Le Grand Grimoire*, aus dem einige „furchteinflößende" Abbildungen auf den Seiten 216–219 wiedergegeben werden. Weitere Werke über Schwarze Magie sind *Le Grimoire du Pape Honorius*, eine mutmaßlich antikatholische protestantische Satire, die dem frommen, für seine theologischen Schriften bekannten Papst des 13. Jahrhunderts zugeschrieben wurde, sowie das amüsante *Les Douze Anneaux*, das den männlichen Leser in der Schaffung von Zaubern unterwies, um junge Mädchen zu verführen oder den Milchertrag von Kühen zu steigern.

Englische Übersetzung des Clavicula Salomonis *aus dem 19. Jh. von S. Liddell MacGregor Mathers, Gründer des Hermitischen Ordens der Goldenen Morgenröte.*

LES DOUZE ANNEAUX

Dieses nur wenige Seiten umfassende, französische Grimoire mit dem Titel *Les Douze Anneaux* (Die zwölf Ringe) stellt zwölf Talismane vor, die auf die Fassungen von Ringen graviert werden, um verschiedene magische Effekte zu erzielen, die vom weltlichen Erfolg beim Jagen oder Fischen über die Heilung von Krankheiten bis hin zum Fantastischen wie der Unsichtbarkeit reichen. Ein eigennütziger Mann konnte beispielsweise lernen, wie man eine junge Frau verführt, seine Feinde besiegt und die Gunst der Mächtigen erlangt. „Gabriach" ist der Davidstern, der auch als Salomonssiegel bekannt ist und angeblich Schutz vor Dämonen gewährt. Die Endungen der Wörter auf T und CH legen nahe, dass der Autor eine Verbindung zum Hebräischen herstellen wollte, allerdings ähnelt „Dalet" nicht dem hebräischen D und „Astarot" entspricht nicht dem Symbol des Dämonen Astaroth im *Lemegeton Clavicula Salomonis* (Der kleine Schlüssel Salomons). *Les Douze Anneaux* war das Werk eines Anonymus mit ausreichenden Kenntnissen der magischen Alphabete, Sigillen und hebräischen Buchstaben, um daraus eine Nachahmung eigener Art zu erschaffen.

DALET

Für eine erfolgreiche Hirschjagd.

ASTAROT

Für die Anrufung eines Schutzgeists.

ASMALIOR

Um eine Jungfrau oder Frau zu „erkennen".

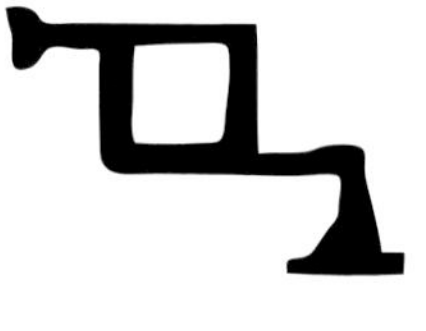

TONUCHO

Um unsichtbar zu werden.

GABRIOT

Für den Besitz eines niemals ermüdenden Pferdes.

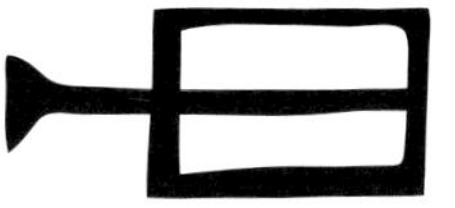

BALSAMIACH

Um jede Krankheit und Wunde zu heilen.

GABRIACH

Als Schutz vor allen bösen Geistern.

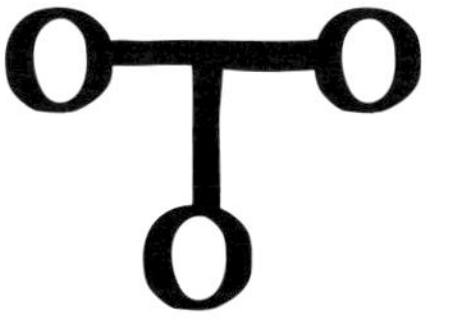

DOLEFECH

Zur Heilung der Sehkraft.

BALBUCH

Zur Gewährleistung eines guten Fischfangs.

JAMPELUCH

Für eine gute Ausbeute bei der Jagd auf Wildvögel.

TOPINOCH

Zur Überwindung von Feinden

ILLUSABIO

Um die Gunst der Mächtigen zu erwerben.

LE GRAND GRIMOIRE

Der Titel *Le Grand Grimoire* ist hauptsächlich in Ausgaben des 18. Jahrhunderts abgedruckt, soll aber bereits im frühen 16. Jahrhundert entstanden sein. Der anonyme französische schwarzmagische Text beschreibt die Hauptdämonen der Hölle, deren Ränge sich deutlich an der irdischen Hierarchie orientieren, und behandelt die Techniken, um sie anzurufen und zu beherrschen. Der im 19. Jahrhundert lebende französische Okkultist Éliphas Lévi soll dieses Grimoire als einen der zentralen magischen Texte bezeichnet haben. Die englische Übersetzung stammt aus der Feder des britischen Okkultisten Arthur Edward Waite, der das Rider-Waite-Tarot mitgestaltete. Der Text weist den verschiedenen Dämonen Rangstufen zu, wodurch eine imaginäre Höllenhierarchie geschaffen wird. Der als „Höllenkaiser" titulierte Luzifer wird mit einer Narrenkappe als „Prinz der Narren" dargestellt, aber auch eher herkömmlich als gehörnter und geflügelter Dämon mit Mistgabel. Die übrigen Dämonen werden ebenfalls mit Witzfiguren, Insekten und Tieren verknüpft sowie Motiven aus der griechisch-römischen heidnischen Kunst, etwa einem Satyrkopf (Astaroth) oder einer Sphinx (Lucifuge).

LUZIFER, KAISER

BEELZEBUB, PRINZ

ASTAROTH, GROSSHERZOG

LUCIFUGE, PREMIERMINISTER

SATANACHIA, GROSSER GENERAL

FLEURETY, GENERALLEUTNANT

NEBIROS, FELDMARSCHALL

DÄMONISCHE SIGILLEN AUS DER *ARS GOETIA*

Die *Ars Goetia* (das *Lemegeton Clavicula Salomonis*) ist in zwei Versionen erschienen, einer mit neunundsechzig Dämonen, die in Johann Weyers *De Praestigiis Daemonum* (Von den Blendwerken der Dämonen) aufgelistet sind, und einer mit zweiundsiebzig Dämonen in Reginald Scots *The Discoverie of Witchcraft*, zwei Büchern, in denen die Existenz Schwarzer Magie und Dämonologie bestritten und versucht wird, Schwarzmagiere entweder als Betrüger zu entlarven oder als geistig verwirrt darzustellen, sofern ernsthaft daran geglaubt wurde. Die *Ars Goetia* verdankt ihren Ruhm in okkulten Kreisen der Übersetzung von Liddell MacGregor Mathers mit einer Einleitung und Illustrationen von Aleister Crowley (1857–1947), dem berüchtigten britischen Okkultisten.

BAEL

AGARES

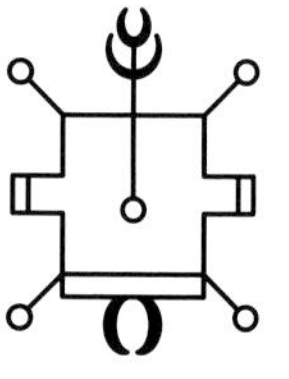

VASSAGO

GAMIGIN

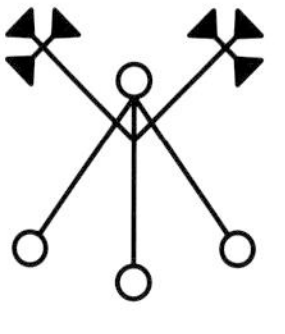

MARBAS

VALEFAR

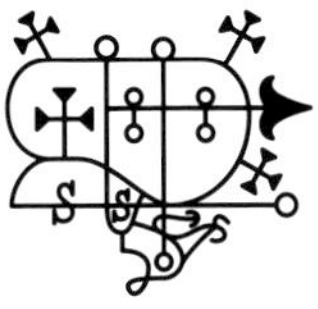

BERITH

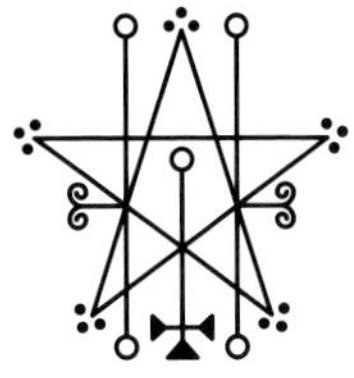

ASTAROTH

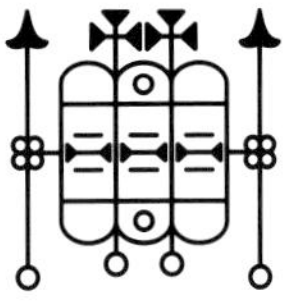

FORNEUS

BELETH

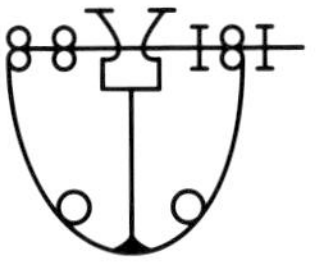

LERAJE

ELIGOS

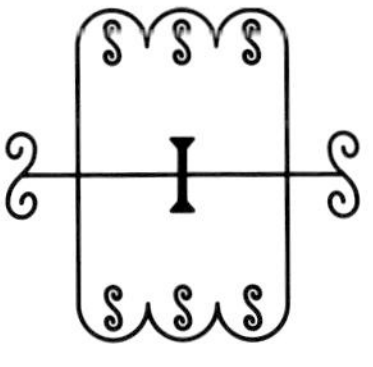

AAMON

BARBATOS

PAIMON

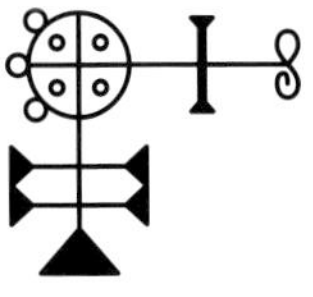

BUER

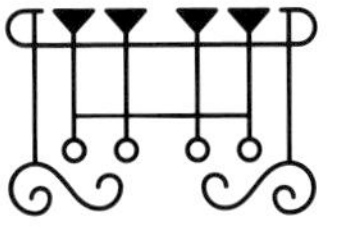

GUSION

SITRI

DÄMONISCHE SIGILLEN AUS DER *ARS GOETIA*

ZEPAR

BOTIS

BATHIN

SALEOS

PURSON

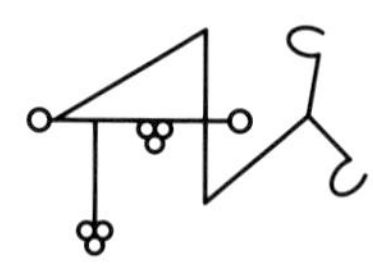

MORAX

IPOS

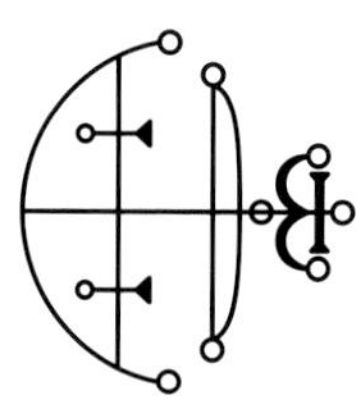

AIM

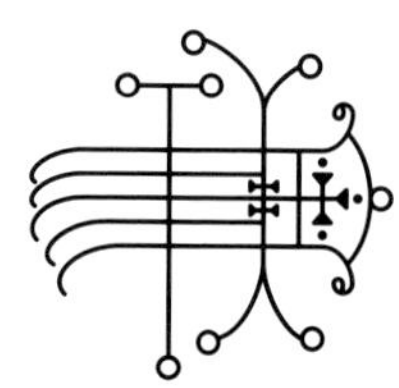

NABERIUS

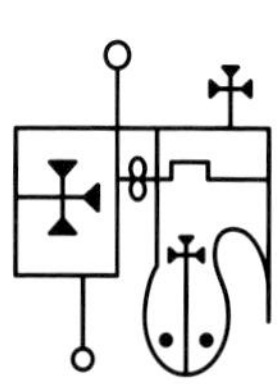

GLASYA-LABOLAS

BUNE

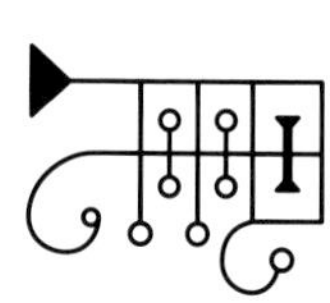

RONOVE

FORAS

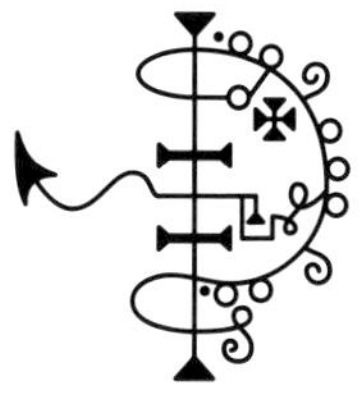

ASMODEUS

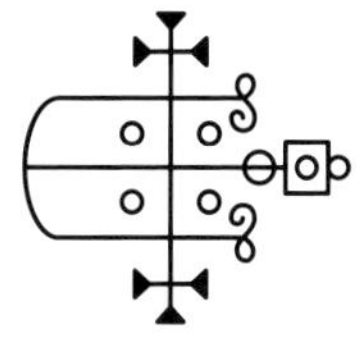

GAAP

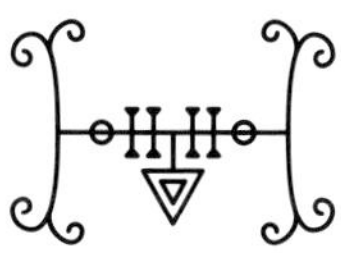

FURFUR

MARCHOSIAS

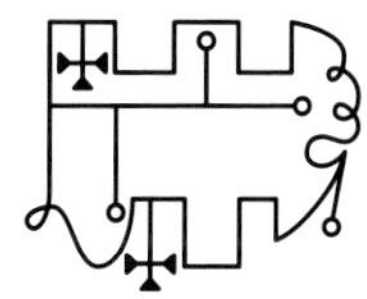

STOLAS

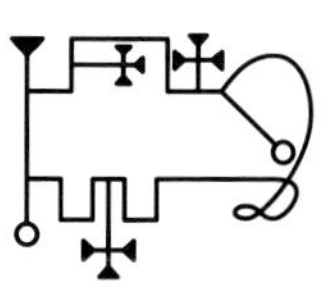

PHENEX

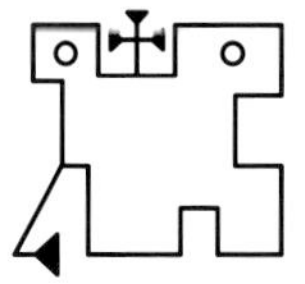

HALPHAS

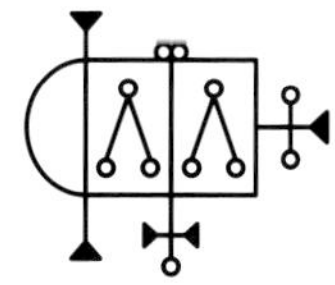

MALPHAS

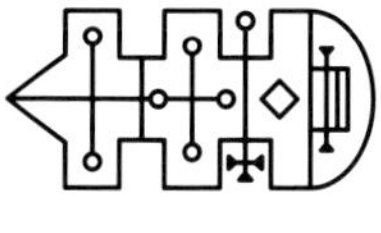

RAUM

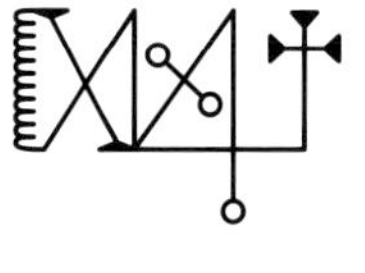

FOCALOR

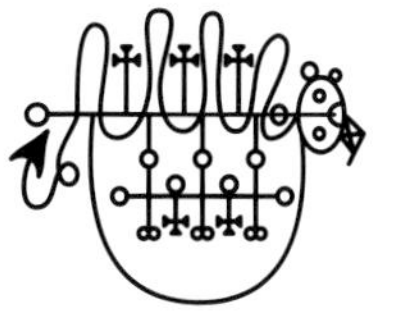

VEPAR

DÄMONISCHE SIGILLEN AUS DER *ARS GOETIA*

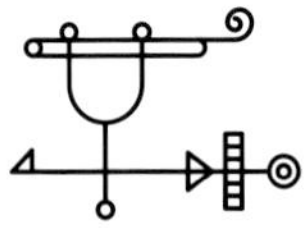

SABNOCK

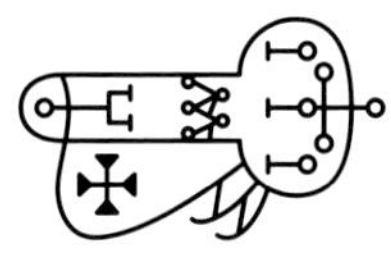

SHAX

VINE

BIFRONS

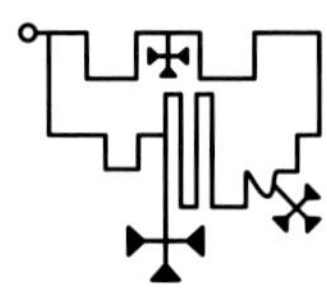

VUAL

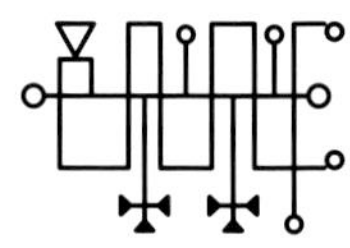

HAAGENTI

CROCELL

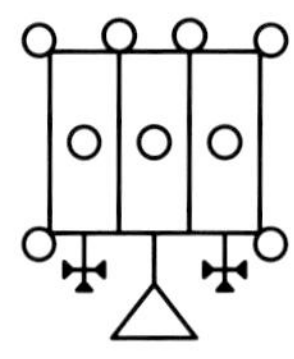

FURCAS

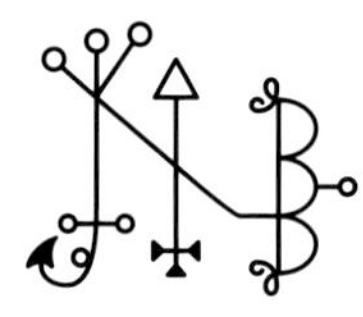

BALAM

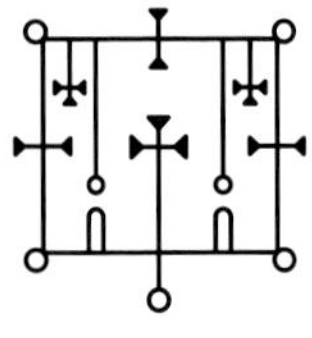

ALLOCER

CAIM

MURMUR

OROBAS

GREMORY

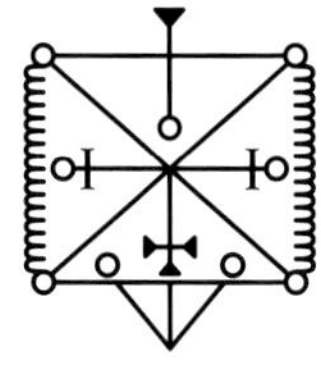

OSE

AMY

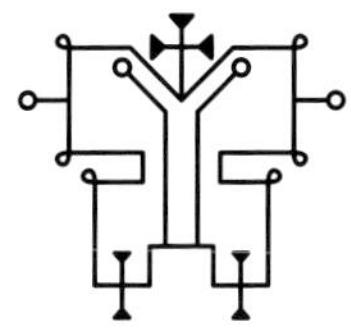

ORIAS

VAPULA

ZAGAN

VALAC

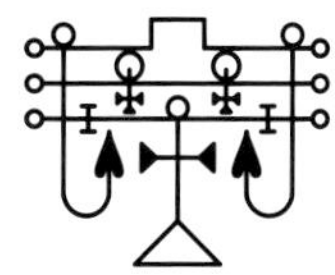

ANDRAS

HAURES

ANDREALPHUS

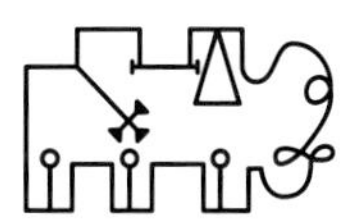

KIRMARIS

AMDUSIAS

BELIAL

DECARABIA

SEERE

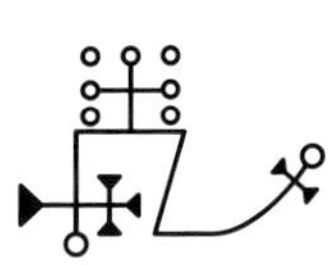

DANTALION

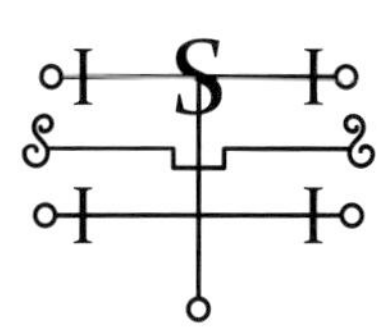

ANDROMALIUS

7

WESTLICHE ESOTERIKTRADITION

Es gibt nicht die eine westliche okkulte Tradition, sondern eine Anzahl disparater Gruppen und Bewegungen. Sie stellen zusammen verschiedene Phasen des Okkultismus dar, die als Reaktion auf die wesentlichen intellektuellen, politischen und religiösen Veränderungen seit der Renaissance entstanden. Da sie dasselbe Repertoire okkulter Symbole nutzten, scheinen sie enger miteinander verbunden zu sein, als es tatsächlich der Fall ist.

Die okkulte Tradition des Westens seit der Renaissance lässt sich in vier Hauptphasen unterteilen. Die erste wird durch die Einführung der Kabbala geprägt, wodurch Volksmagie auf ein ernsthaftes intellektuelles Niveau gehoben wurde. Als der Renaissance-Okkultismus während der Aufklärung abrupt endete, gründeten sich Geheimgesellschaften, die ein okkultes sowie radikales soziales und politisches Programm verfolgten. Im späten 19. Jahrhundert vollzog sich eine Umgestaltung des Okkulten in Form einer Ablehnung der etablierten Religion, der viktorianischen Moral und des wissenschaftlichen Materialismus, was zu einer Gegenkultur in den 1960er-Jahren führte, deren okkulte Ausprägungen die New-Age-Bewegungen waren, die Umweltbelange und neue Wege zu spirituellem Wachstum und Wandel betonten.

Mit der Einführung des Neuplatonismus und der Kabbala während der Renaissance versuchten Humanisten etwas, das sich zu einer „okkulten Reformation" der katholischen Kirche auswuchs, die sie in Praktiken wie dem Ablasshandel verstrickte und wegen ihrer Reliquienverehrung zum Ziel von Reformern machte. Die protestantische Reformation setzte diesen Versuchen ein Ende und Protestanten wie auch Katholiken wandten sich gegen den Okkultismus, weil er für die einen den Beigeschmack katholischen „Aberglaubens" hatte und für die anderen eine unorthodoxe Theologie mit kräftigen jüdischen Obertönen beförderte.

Verfolgung trieb Okkultisten in den Untergrund, wo sie sich zu privaten Zirkeln verbanden, aus denen die Geheimbünde der Aufklärung hervorgingen, die zur Heimat von Okkultisten und Sozialvisionären wurden. Die Kabbala rückte als Ausdruck von Kontinuität wieder in den Mittelpunkt, allerdings veränderte sich ihre Interpretation mit der sich wandelnden intellektuellen und religiösen Landschaft infolge der Amerikanischen und Französischen Revolution.

Die beiden letzten Phasen des Okkulten vom späten 19. Jahrhundert bis heute entstanden aus derselben Ablehnung von Materialismus, konventioneller Moral und Wissenschaft sowie der etablierten christlichen Lehre. Vereinigungen wie die Theosophische Gesellschaft oder der Hermitische Orden der Goldenen Morgenröte orientierten sich am Okkultismus der Renaissance und Aufklärung, aber auch an den Esoteriktraditionen Süd- und Ostasiens. Okkulte New-Age-Bewegungen sahen sich als Erben des antichristlichen und -materialistischen Okkultismus des Fin de Siècle, was sich in den verschiedenen symbolischen Traditionen von Wicca, Satanismus und keltischem, germanisch-nordischem und slawischem Neuheidentum widerspiegelte.

Das allsehende Auge oder Auge Gottes, Vatikanische Museen.

KABBALA, CABALA, QABALAH

Es gibt mindestens drei verschiedene Traditionen, die als *Kabbala*, *Cabala* und *Qabalah* bezeichnet werden. Die erste bezieht sich auf die jüdische Kabbala mit ihrem magischen Gegenstück, der praktischen Kabbala, während die zweite auf die christliche Cabala der europäischen Renaissance verweist und die dritte die hermetische Qabalah der Geheimgesellschaften betrifft, die erstmals im 17. Jahrhundert in Europa zutage tritt.

Eine Rekonstruktion der Geschichte und Beziehungen der unterschiedlichen kabbalistischen Traditionen wird nicht nur durch die jeweils zahllosen Schulen und Deutungen erschwert, sondern auch durch die Angaben zu ihrer Entstehung. Die jüdische Kabbala reichte gemäß ihren Adepten angeblich bis zu Adam und Eva und dem Garten Eden zurück, allerdings datieren Gelehrte ihre Genese mittlerweile auf das 12. Jahrhundert. Sie gelangte über das islamische Spanien und Sizilien zusammen mit arabischen Übersetzungen des *Corpus Hermeticum* ins christliche Europa. Als christliche Cabala wurde sie einst Moses zugeschrieben und diente als Mittel der christlichen Erlösung, während sie als hermetische Qabalah mit den magischen Lehren des Hermes Trismegistos in Verbindung gebracht wurde, die für okkulte und alchemistische Zwecke benutzt wurden.

Der italienische Humanist Giovanni della Mirandola (1463–1494), ein Protegé der Medici in Florenz, gilt als Urheber der christlichen Cabala. Sein Werk wurde von anderen Renaissance-Gelehrten fortgeführt, darunter der Jesuit, Sprachforscher und Ägyptologe Athanasius Kircher (1602–1680). Als Heinrich Cornelius Agrippa (1486–1535) an der französischen Universität Dole über die Qabalah dozierte, wurde er als „judaisierender Ketzer" angeklagt und seines Postens enthoben. Die hermetische Qabalah wurde ein wesentlicher Bestandteil des Okkulten während der Aufklärung sowie in den Lehren einiger Okkultisten des 19. und frühen 20. Jahrhunderts, darunter S. Liddell MacGregor Mathers, Mitbegründer des Hermitischen Ordens der Goldenen Morgenröte, und sein einstiger Zögling Aleister Crowley, der die Thelema-Religion schuf.

Das mit der Kabbala verknüpfte Hauptsymbol ist das der Sefirot, auch bekannt als Lebensbaum, eine grafische Darstellung der zehn Emanationen oder Attribute Gottes, durch die er sich in der Welt manifestiert. Die Sefirot können auch die zehn Stufen auf einem spirituellen Pfad zur Vereinigung mit Gott bedeuten. Im späteren zeremoniellen Okkultismus stehen sie für die verschiedenen Stufen der Initiation in Geheimgesellschaften.

Christliche Deutung der Cabala, aus Athanasius Kirchers Œdipus Ægyptiacus *(1652–1654).*

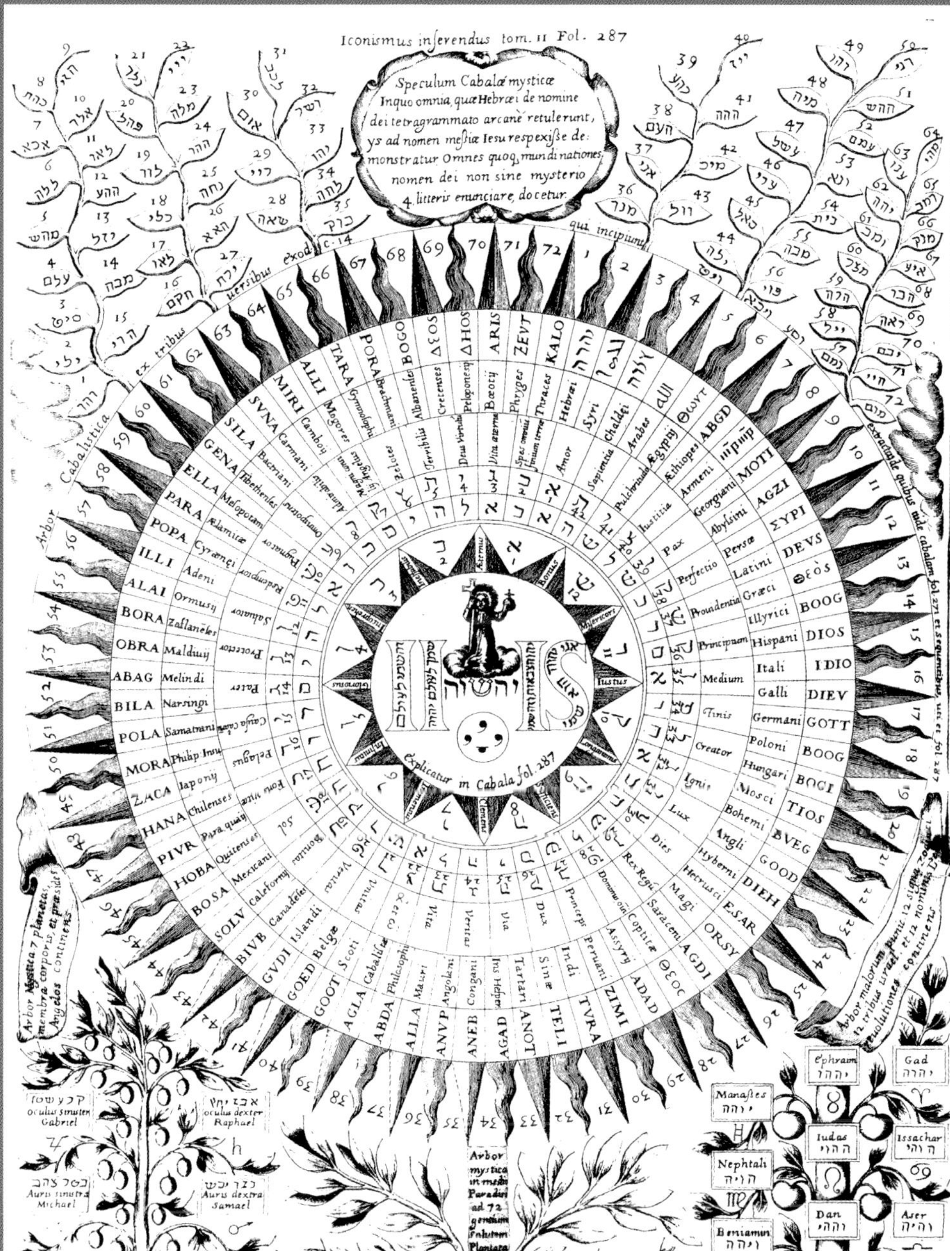
Iconismus inserendus tom. II Fol. 287
Speculum Cabalæ mysticæ
In quo omnia, quæ Hebræi de nomine
dei tetragrammato arcanè retulerunt,
ijs ad nomen messiæ Iesu respexisse de-
monstratur Omnes quoq, mundi nationes
nomen dei non sine mysterio
4 litteris enunciare, docetur.
Explicatur in Cabala fol. 287
Arbor Cabalistica ex tribus uersibus exod. c. 14 qui incipiunt
Arbor mystica in medio Paradisi ad 72 gentium salutem Plantata Cuius fructus 72 nomina dei sunt
Arbor mystica 7 planetas, membra corporis, et præsides Angelos continens
Arbor malorum punic. 12 signa zodiaci, 12 tribus Israel, et 12 nominis Dei reuolutiones continens
Ephraim
Gad
Manasses
Iudas
Issachar
Nephtali
Dan
Aser
Beniamin
Simeon
Ruben
Zabulon
oculus sinister Gabriel
oculus dexter Raphael
Auris sinistra Michael
Auris dextra Samael
nares sinistra Anael
nares dextræ Zadechiel
os Raphziel

SEFIROT

Die vier verschiedenen Darstellungen der Sefirot oder des Lebensbaums geben die zehn miteinander verbundenen Knotenpunkte mit den Attributen oder Emanationen Gottes wieder, durch die er sich in der Welt offenbart, und die Stufen der kabbalistischen spirituellen und okkulten Pfade zur Vereinigung mit dem Göttlichen. Obwohl Cabala und Quabalah dieselben Grundstrukturen verwenden, deuten sie die Knoten und ihre Verknüpfungen gemäß christlichen oder okkulten Vorstellungen um. Ihre Symbolik wurde später für die Grade oder Stufen übernommen, die Anwärter durchlaufen mussten, um in einer Geheimgesellschaft während der Aufklärung und in einem magischen Orden im 19. und 20. Jahrhundert voranzuschreiten.

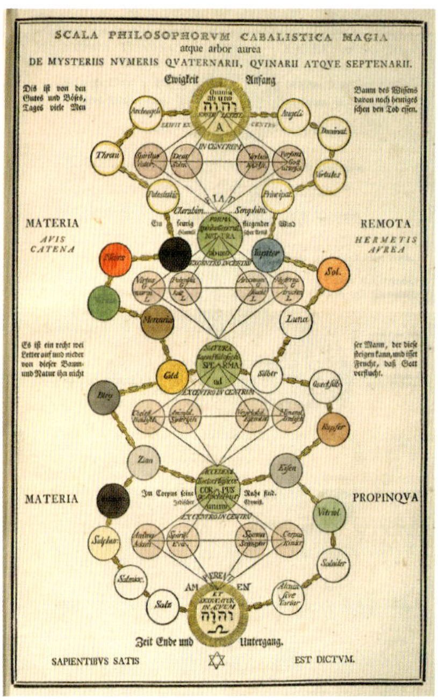

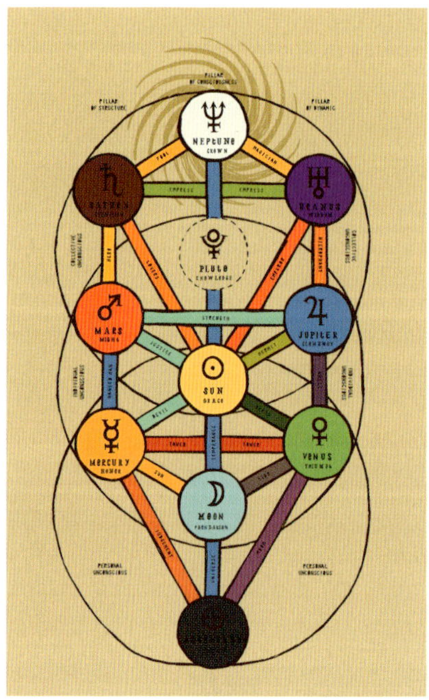

SCALA PHILOSOPHORUM CABALISTICA MAGIA

FARBIGE ABBILDUNG DES SEFIROTISCHEN BAUMS

SEFIROTISCHER BAUM MIT GOTTES ATTRIBUTEN

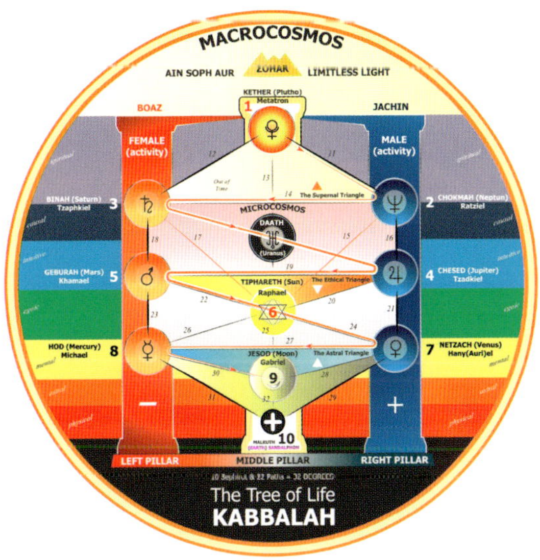

LEBENSBAUM MIT SÄULEN

GEHEIMGESELLSCHAFTEN

Die Entstehung von Geheimgesellschaften im Zeitalter der Vernunft geht auf eine Satire des 17. Jahrhunderts über die Existenz einer geheimen Bruderschaft der Rosenkreuzer zurück, deren Ziel die Verbesserung der Menschheit war. Dies bildete den Auftakt für die Gründung echter Geheimbünde, die sich dem Fortschritt der Menschheit verschrieben, den Prinzipien der Aufklärung folgten und die Sprache und Symbole des Okkulten verwandten. Die im 18. Jahrhundert aufkommenden Vereinigungen waren die Rosenkreuzer, die Martinisten und die legendären Freimaurer, deren erste Loge 1717 in London eröffnet wurde. Diese Gruppen wurden zur Heimat christlicher Mystiker und Okkultisten sowie von Wissenschaftlern, Sozialvisionären und radikalen Politikern, darunter Isaac Newton (1643–1727), Benjamin Franklin (1706–1790) und George Washington (1732-1799), die den Freimaurern beitraten, um soziale, politische und wissenschaftliche Ziele der Aufklärung voranzutreiben.

FREIMAUREREI
ALLSEHENDES AUGE

Das Symbol erschien erstmals 1797 in einem Werk des Freimaurers T. Smith Webb. Es steht für die Allgegenwärtigkeit und Allmacht Gottes als Architekten des Universums. Es findet sich auch auf dem Großen Siegel der Vereinigten Staaten.

FFREIMAURERE!
ZIRKEL UND WINKEL

Zirkel und Winkel sind die traditionellen Werkzeuge mittelalterlicher Steinmetze. Sie haben wörtliche und metaphorische Bedeutung und werden in freimaurerischen Ritualen verwandt. Der Buchstabe „G" verweist auf „Gott" oder „Geometrie".

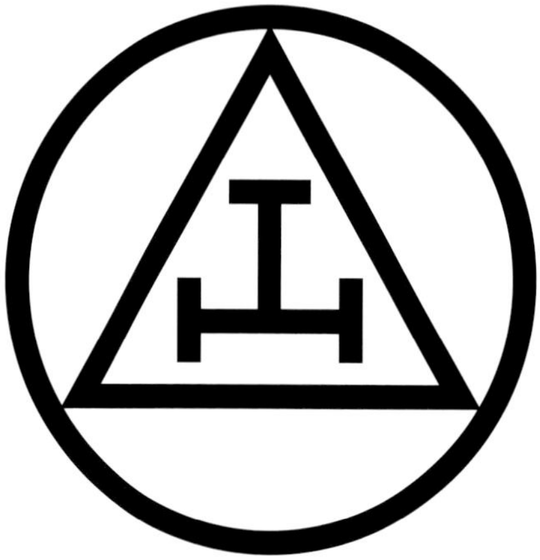

YORK-RITUS

Das Symbol besteht aus dem Antoniuskreuz, das die Form des griechischen Buchstaben Tau aufweist.

YORK-RITUS

Das Symbol zeigt eine Maurerkelle und ein Ritterschwert, das mit den Tempelrittern verknüpft wird.

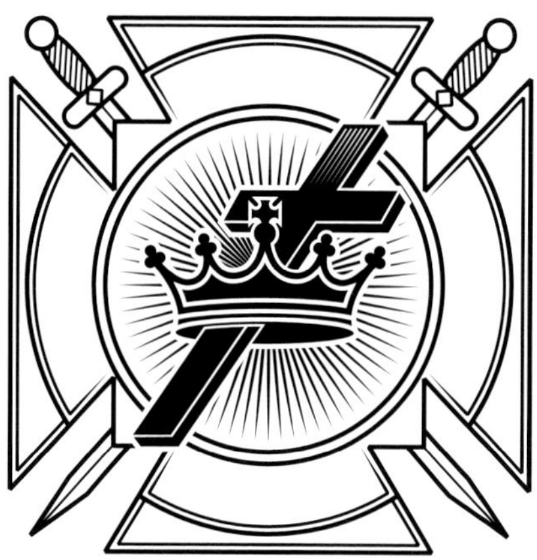

YORK-RITUS

Das Symbol kombiniert die Krone der Erlösung mit einem Ritterschwert.

SCHOTTISCHER RITUS

Der doppelköpfige Adler wurde mit der byzantinischen und russischen Monarchie verknüpft. Hier wird er mit Krone und Schwert kombiniert.

SCHOTTISCHER RITUS

Der doppelköpfige Adler zusammen mit Rosenkreuz, Krone sowie Zirkel und Winkel.

SHRINERS

Die ursprüngliche Bezeichnung als Alter arabischer Orden der Edlen vom mystischen Schrein erklärt die ägyptischen und nahöstlichen Symbole des Emblems.

ROSENKREUZERTUM

Die Bezeichnung Rosenkreuzer leitet sich vom Nachnamen ihres deutschen mythischen Gründers Christian Rosenkreutz ab. Die Kombination eines christlichen Kreuzes mit Rosen, die Sinnlichkeit, Leidenschaft und Geschlechtsverkehr symbolisieren, war eine Provokation für die strenggläubigen deutschen Kalvinisten und Lutheraner, die die Üppigkeit katholischer Ikonografie ablehnten.

ROSENKREUZ

ANCH-ROSENKREUZ

MARTINISMUS

SIEGEL DES ORDENS DER ROSENKREUZER

Trotz christlicher Ausrichtung benutzt der Martinistenorden in seinen Emblemen jüdische Symbole wie den Davidstern.

SIEGEL DES ORDENS DES GROSSEN PRIORATS

Das Emblem zeigt einen Davidstern zusammen mit einem heraldischen doppelschwänzigen Löwen.

TETRAGRAMMATON

Die vier hebräischen Konsonanten JHWH (Jahve), die von einem Herzen eingerahmt sind, bezeichnen den Namen Gottes.

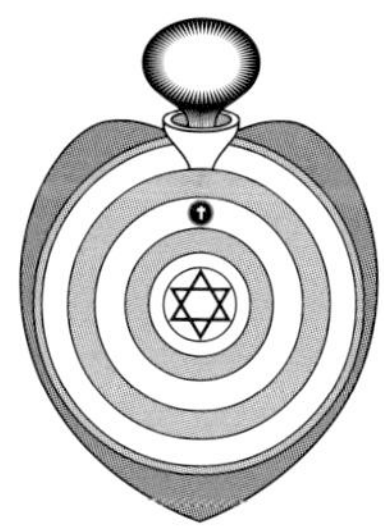

HERZSYMBOL

Dieses Emblem der Martinisten verbindet das Herzmotiv mit dem jüdischen Davidstern.

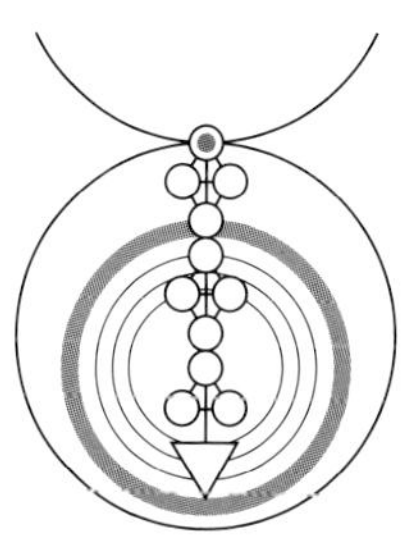

LEBENSBAUM

Eine grafische Darstellung der Sefirot, dem kabbalistischen Lebensbaum.

OKKULTE ORDEN

Geheimgesellschaften und okkulte Orden, die Ende des 19. Jahrhunderts entstanden, spiegelten angesichts einer zunehmenden Verstädterung und Industrialisierung eine intellektuelle Stimmung wider, die die zukünftige Entwicklung der Gesellschaft hinterfragte. Sie lehnten die materialistische und wissenschaftliche Weltsicht dieser Epoche ab und suchten nach einer spirituelleren Art der Existenz, die sich an der westlichen Tradition des Okkultismus und an den Philosophien und spirituellen Disziplinen Süd- und Ostasiens orientierte. Die Theosophische Gesellschaft wie auch der Hermitische Orden der Goldenen Morgenröte, deren Mitglieder, Symbole und Vorstellungen sich kaum voneinander unterschieden, befördeten die Existenz „geheimer Meister" oder „geheimer Oberer", die die Menschheit einer spirituellen Erneuerung entgegenführen sollten. Egal, wie aufrichtig einige ihrer Adepten auch gewesen sein mögen, gab es auch solche wie Aleister Crowley, der das Okkulte als Deckmantel seiner Selbstverherrlichung nutzte, um in einem alternativen Lebensstil zu schwelgen, zu dem missbräuchliche Sexualmagie und Drogenkonsum gehörten, was Crowley in den Boulevardblättern den Spitznamen „der böseste Mensch der Welt" einbrachte.

THEOSOPHIE

Das Hauptsymbol der Theosophie vereinigt das hinduistische Shatkona und das ägyptische Anch-Kreuz in einem Ouroboros, bekrönt von der hinduistischen Swastika und dem sanskritischen „Om".

THEOSOPHIE

Das T steht für *theos*, Gott, das S für *sofia*, Weisheit, und die Schlange symbolisiert die Ablehnung der christlichen Deutung des Sündenfalls von Adam und Eva.

THEOSOPHIE SHRI-YANTRA

Die Theosophie entlehnte viel aus der Ikonografie und den Vorstellungen des Hinduismus wie das Shri-Yantra, ein Mantra für tantrische Meditation und magische Rituale. Die ineinander verwobenen Dreiecke stehen für Shiva und Shakti, die das männliche und weibliche Prinzip verkörpern.

ORDEN ARGENTEUM ASTRA

Das Siegel des Ordens des silbernen Sterns besteht aus einem siebenzackigen Stern mit einem Buchstaben auf jeder Zacke, was „Babalon" ergibt, den Namen einer Göttin der Thelema-Religion, die auf der Hure Babylon aus der Offenbarung des Johannes beruht.

HERMETISCHER ORDEN DER GOLDENEN MORGENRÖTE

Das Rosenkreuz des Ordens mit den Symbolen der drei Prinzipien und dem Pentagramm der fünf klassischen Elemente, die um ein eingelassenes zentrales Rosenkreuz gruppiert sind.

HERMETISCHER ORDEN DER GOLDENEN MORGENRÖTE

Der gekreuzigte Christus in einem Davidstern mit Erzengeln und astrologischen Symbolen.

HERMETISCHER ORDEN DER GOLDENEN MORGENRÖTE

Das Rosenkreuz des Ordens in einer anderen Ausführung.

HERMETISCHER ORDEN DER GOLDENEN MORGENRÖTE

John Dees *Sigillum Dei*, das Sigill Gottes,
in einer Darstellung des Ordens.

HERMETISCHER ORDEN DER GOLDENEN MORGENRÖTE

Das Rosenkreuz des Ordens in einer Version mit hebräischen Buchstaben.

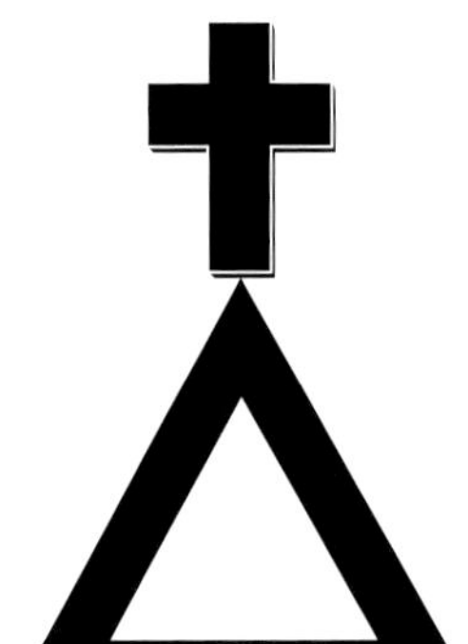

HERMETISCHER ORDEN DER GOLDENEN MORGENRÖTE

Symbol des Ordens, das aus einem nach oben weisenden Dreieck für Feuer und einem christlichen Kreuz besteht.

HERMETISCHER ORDEN DER GOLDENEN MORGENRÖTE

Platonischer Körper mit astrologischen Symbolen.

HERMETISCHER ORDEN DER GOLDENEN MORGENRÖTE

Platonischer Körper mit dem Rosenkreuz und Ouroboros-Schlangen.

ORDO TEMPLI ORIENTIS

Der Ordo Templi Orientis (Orientalischer Templerorden) wurde zunächst der europäischen Freimaurerei zugerechnet, später jedoch mit der Thelema-Religion verknüpft. Die Abbildungen zeigen das Ordensemblem, das (oben) aus einem Wadjet (Horusauge), einer Friedenstaube und dem Heiligen Gral besteht, der ein Rosenkreuz enthält, und unten durch einen Kelch oder Heiligen Gral mit überkreuztem Schwert und Zepter dargestellt wird.

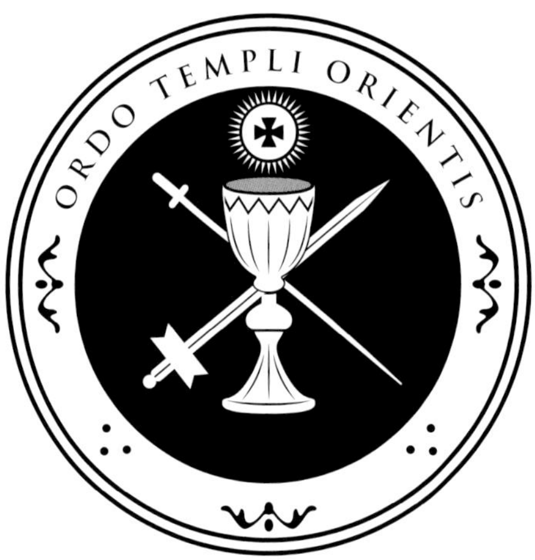

THELEMA

In Thelema entspricht der sechszackige Stern dem ägyptischen Anch-Kreuz und dem Rosenkreuz der Rosenkreuzer. Die Blume in der Mitte symbolisiert das Pentakel der fünf Elemente.

NEW AGE

Es war der Wirtschaftsaufschwung nach dem Wiederaufbau in der Nachkriegszeit, der explosionsartig die jugendliche Gegenkultur der 1960er-Jahre auslöste. Der New-Age-Okkultismus war eine Reaktion auf alles Vorangegangene, was religiöse Vorstellungen, Moral, Politik und die Lehre der kapitalistischen Marktwirtschaft anbelangte. Der Okkultismus betonte die Verwirklichung der Möglichkeiten des Einzelnen durch die Verrichtung magischer und spiritueller Techniken und propagierte neue Lebensweisen, die letztlich das hierarchische Patriarchat beseitigen und die Umweltkrise lösen sollten, die im Fokus der Umweltbewegung jener Zeit stand. Der New-Age-Okkultismus blickte auf die heidnische Vergangenheit Europas zurück – Neodruidentum, Keltisches und Germanisch-Nordisches Neuheidentum und Slawisches Neuheidentum (auch als Rodismus bezeichnet, was so viel bedeutet wie „einheimischer Glaube") – und auf die Schwarze Magie und Dämonologie der Renaissance. Letztere beförderte die Gründung der Church of Satan durch Anton LaVey (1930–1997) und des davon abgespaltenen Temple of Set durch den Satanisten Michael Aquino (geb. 1946). Die Volksmagie der frühen Renaissance beflügelte den englischen Kolonialbeamten Gerald Gardner (1884–1964), Wicca ins Leben zu rufen.

NEODRUIDISCHES AWEN

Zwei Versionen des neodruidischen Awen, was in den alten keltischen Sprachen des Walisischen, Kornischen und Bretonischen für „Inspiration" steht. Obwohl das Symbol nicht eindeutig ist, verweist es auf verschiedene heidnische Triaden, etwa Erde, Meer und Luft, Liebe, Weisheit und Wahrheit oder Körper, Geist und Seele. Es kann aber auch die Sonnenstrahlen während der „Triade der Sonnenaufgänge" in einem Sonnenjahr symbolisieren.

NEUHEIDENTUM

Neuheidentum steht für eine Gruppe neuer Religionen, die ihre Herkunft auf die polytheistischen Religionen des vorchristlichen Europa zurückführen, die wiederum aus den Religionen der ursprünglichen indoeuropäischen Siedler aus Indien, dem Nahen Osten und Europa entstanden sind. Das germanische, slawische (rodistische), keltische, nordische und griechisch-römische Neuheidentum verbindet eine Verehrung von Gottheiten mit ähnlichen Eigenschaften und Zeremonien, zu denen Opfergaben für die Götter, Reinigungs- und Initiationsrituale sowie Feste anlässlich der Sommersonnen- und Wintersonnenwende gehören (s. auch Seiten 48–49).

NEUHEIDNISCHES JAHRESRAD

Die Speichen zeigen die Hauptfeste des Sonnenjahres an.

RODISMUS: BELOBOG

Gottheit des Lichts.

RODISMUS: TSCHERNOBOG

Gottheit der Finsternis.

RODISMUS: DAZHBOG

Sonnengottheit und Kultfigur.

RODISMUS: VELES

Gott der Erde, Gewässer und Unterwelt.

MUTTERGÖTTIN

Das Wicca-Zeichen für die Muttergöttin symbolisiert zwei wichtige Triaden: den zunehmenden Mond, Vollmond und abnehmenden Mond sowie die weibliche Dreiheit aus Mutter, Jungfrau und Altem Weib.

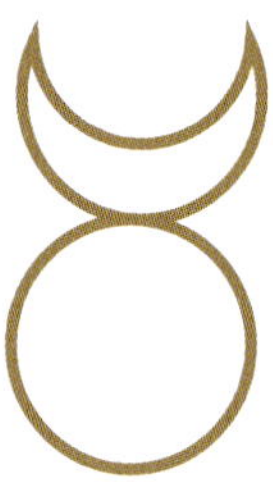

GEHÖRNTER GOTT

Das Wicca-Symbol des Gehörnten Gottes gleicht dem Sternkreiszeichen Stier und alten piktografischen Zeichen für Rinder oder Stiere.

HEXENZEICHEN

Das Hexenzeichen im Wicca wurde auf Türpfosten geritzt, um in Zeiten der Verfolgung anzuzeigen, dass der Hausbesitzer mit Hexen sympathisierte.

SEGEN

Dieses Wicca-Zeichen stellt einen Sichelmond für die Mondgöttin dar und die drei Tränen symbolisieren ihren Segen und die Dreiheit aus Jungfrau, Mutter und Altem Weib.

HEXENKNOTEN

Das Wicca-Emblem geht auf alte heidnische und keltische Knotenmuster zurück. Es symbolisiert die Kräfte der vier Elemente Luft, Wasser, Erde und Feuer.

SPIRITUALITÄT

WIEDERGEBURT

Rechts- und linksdrehende Spiralen gehören zu den ältesten bekannten Symbolen der Menschheit, die erstmals in prähistorischen Höhlenmalereien vorkommen. Ihre ursprüngliche Bedeutung ist unbekannt, aber in Wicca symbolisiert die linksdrehende Spirale Spiritualität, die rechtsdrehende Seelenwanderung und Wiedergeburt.

CHURCH OF SATAN

Das Emblem der Church of Satan verwendet das umgekehrte Pentakel mit dem Kopf Baphomets, dessen Hörner bis in die beiden oberen Dreiecke hineinragen.

PENTAGRAMM

Das klassische mit dem Satanismus verbundene Zeichen ist das umgekehrte Pentagramm, das nicht mit dem Pentakel verwechselt werden sollte, einem invertierten fünfzackigen Stern in einem Kreis. Die beiden Figuren wurden in allen okkulten Traditionen verwandt.

LEVIATHANKREUZ

Das Leviathan-Zeichen, ein Lothringerkreuz auf einem Unendlichkeitssymbol, wird von Satanisten für rituelle Zwecke sowie Schutzamulette und -tätowierungen verwandt.

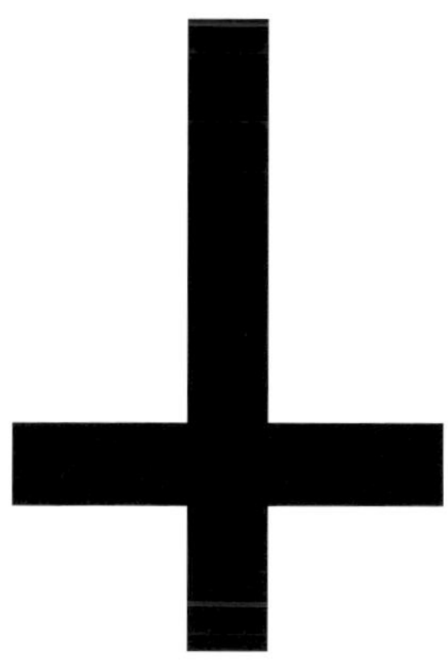

UMGEDREHTES KREUZ

Das umgedrehte Kreuz, das die Satanisten für sich vereinnahmten, beruht auf dem Petruskreuz. Als der heilige Petrus in Rom ans Kreuz genagelt wurde, bat er, kopfüber gekreuzigt zu werden, um sein Martyrium von Christi Kreuzigung zu unterscheiden.

REGISTER

ÜBER DEN AUTOR

Eric Chaline lebt als Autor und Herausgeber in London. Sein besonderes Interesse gilt den nahöstlichen, mesoamerikanischen und indischen Religionen und Philosophien. Seine Bücher behandeln so unterschiedliche Themen wie Geschichte, Reisen, Gesundheit und Fitness. Zu seinen zahlreichen Veröffentlichungen zählen unter anderem *The Book of Zen, The Book of Gods and Goddesses, Simple Path to Yoga, 101 Dilemmas for the Armchair Philosopher, Lost Treasures, History's Worst Inventions, Fifty Minerals that Changed the Course of History* und *Ancient Greece.*

ABBILDUNGSNACHWEIS

Grafiker und Designer haben sämtliche Abbildungen geschaffen, sofern nicht anders angegeben.

Der Herausgeber möchte den im Folgenden genannten Agenturen für die freundliche Genehmigung zum Abdruck urheberrechtlich geschützter Materialien danken.

ALAMY
21, 192, 242 Charles Walker Collection; 25 Sanjay Marathe/India Photo Stock; 35 Jesús Martín Rodríguez; 57 Craft Alan King; 79 funkyfood London – Paul Williams; 85 Prisma Archivo; 87 Alain Guilleux; 98 INTERFOTO; 105 Michele Burgess; 109 Granger Historical Picture Archive; 113 Tadas Jucys; 126 The Picture Art Collection; 129 The Print Collector; 152 Album; 160 Suny Fan; 161 View Stock; 167 The History Collection; 181 World History Archive; 195-198 Ben Molyneux; 205 ART Collection; 206 Michal Boubin; 206 Old Books Images; 211 Chronicle; 229 Godong; 233 Science History Images; 233 Dorletin.

DREAMSTIME
21 Polina Orlova; 152 B Rodrigolab.

GETTY
11 Heritage Images/Historica Graphica Collection; 23 DE AGOSTINI PICTURE LIBRARY; 47 Werner Forman/Universal Images Group; 123 DEA PICTURE LIBRARY; 125 Historical Picture Archive/Corbis; 152 David Goddard; 171 adoc-photos/Corbis.

SHUTTERSTOCK
Umschlag/234, 155 kovalto1; Umschlag Zvereva Yana; 4, 71, 103, 106, 107, 112, 117-119, 145 Sidhe; 14, 134, 136 VectorShop; 15-17 Pretty Vectors; 28-30 rk_graphic; 38 Eva Ziskova; 43 TL Shuttersport, TR laschi, BL Kolesnikov Vladimir, BR Igillustrator; 44 TL creativebucket, TR In Art, BL Save nature and wildlife, BR Svetlana Ivanova; 45 TL Naddya, TR, BR VectorSun, BL YIK2007; 47 BR KN, TL reddees; 48, 250 BL robin.ph; 64 MR bc21; 69-70 Trikona; 125 B Studio77 FX vector; 141 Peter Hermes Furian; 154 aydngvn; 156 fortton; 157 Everett Collection; 158-159 Shymko Svitlana; 160 charles taylor; 185 TM Dario Lo Presti, ML Bea Kiss; MM gd_project; MR WindNight (Abbildung), BM shutterstock contributor; 187 Zzvet; 190 vonzur; 193 Dzm1try; 209, 253 T Croisy; 209, 252 B prozaika119; 211 afazuddin; 220-225 klerik78; 232 Handzeichnung; 235 In-Finity; 237 TL Jeff Daniels; 241 T Amado Designs; 247, 251 TR Anne Mathiasz; 249 (alle) AndreyO; 250 T 4LUCK; 251 BL, BR Kareemov; 253 B TotemArt.

SYMBOLIKON
63 TR, 64 ML, 99 TM, MR, MM, BL.

WIKICOMMONS
19; 47; 67; 81 Natritmeyer; 85 TL Rama; 85 BL Anagoria; 85 BR Unknown; 91 PRA; 95 T Marsyas (2007); 95 B Jonathunder, United States Public Domain; 127 Wellcome Collection gallery; 165 Harris Brisbane Dick Fund, 1953; 168, 169 Fuzzypeg; 181 B Thomas Pennant; 185 TL Attribution License version 2.0 (verified 17 November 2020); 185 TR Etnografiska Museet; 186 MR Rlaein (Text); 208 Gemeinfreiheit.

WEITERE
5, 231 *Oedipus Aegyptiacus*, Kircher; 40 Repina Valeriya; 73-75 Richard Balthazar; 131 R *The Last Will and Testament of Basil Valentine*, Basilius Valentinus; 212 *The Key of Solomon*, Solomon, S.L. MacGregor; *Geheime Figuren der Rosenkreuzer aus dem 16ten und 17ten Jahrhundert*, Altona (J.D.A. Eckhardt); 243 NaryEE/Deviant Art.

Es wurden alle erdenklichen Anstrengungen unternommen, um Genehmigungen für sämtliche urheberrechtlich geschützten Materialien einzuholen. Die Herausgeber entschuldigen sich für eventuelle Fehler oder Auslassungen, die in zukünftigen Ausgaben berichtigt werden, sofern diese schriftlich angezeigt wurden.